ullstein

MARK GALEOTTI, geboren 1965, ist ein britischer Historiker, Experte für russische Sicherheitspolitik und profunder Kenner der Putin-Ära. Er leitete lange Zeit das Zentrum für Europäische Sicherheit am Institut für Internationale Beziehungen in Prag und war zuvor Professor für Internationale Beziehungen an der New York University.

MARK GALEOTTI

DIE *kürzeste* GESCHICHTE RUSSLANDS

Aus dem Englischen
von Stephan Pauli

Ullstein

Besuchen Sie uns im Internet:
www.ullstein.de

Deutsche Erstausgabe im Ullstein Taschenbuch
1. Auflage Oktober 2022
4. Auflage 2026

Titel der englischen Originalausgabe: *A Short History Of Russia*,
erstmals erschienen 2021 bei Ebury Press, UK.
Redaktion: Heike Wolter
Alle Karten: Helen Sterling

Umschlaggestaltung: zero-media.net, München
Satz: KCFG – Medienagentur, Neuss
Titelabbildung: GettyImages / DigitalVision Vectors / © Grafissimo
Gesetzt aus der Adobe Caslon Regular
Druck und Bindearbeiten: ScandBook, Litauen
ISBN 978-3-548-06800-8

Russland ist ein Land mit einer gewissen Zukunft;
nur seine Vergangenheit kann nicht vorhergesagt werden.

– Sowjetisches Sprichwort

Inhaltsverzeichnis

Einführung

Das älteste Buch in Russland spricht mit mehr als einer Stimme. Es brüllt und wimmert, murmelt und klagt, lacht und flüstert, betet und brabbelt in immer leiseren Tönen. Im Juli 2000 entdeckten Archäologen bei Ausgrabungen in einem der historischen Viertel einer der geschichtlich bedeutsamsten Städte Russlands – Nowgorod, einst bekannt als »Großmächtiger Herr Nowgorod« oder »Nowgorod, die Große« – drei Holztafeln, die mit Wachs überzogen und zu einem Buch zusammengebunden waren. Laut Radiokarbonmethode und anderer Datierungsverfahren stammen sie aus der Zeit zwischen 988 und 1030 n. Chr. In die Wachstafeln wurden zwei Psalmen geritzt. Doch handelt es sich um ein Palimpsest, ein Dokument, das immer wieder verwendet, über Jahrzehnte mehrfach überschrieben worden war und bei dem frühere Schriftzeichen weiterhin zu erahnen waren. Erst die akribische Arbeit des russischen Linguisten Andrei Salisnjak deckte eine verwirrende Abfolge von Schriftzeichen auf, die einst zu Tausenden in das Wachs geritzt worden waren: Man findet die »spirituelle Anleitung eines Vaters und einer Mutter für den Sohn«, den Anfang der Apokalypse des Johannes, eine Liste des kirchenslawischen Alphabets und sogar eine Abhandlung »Über Jungfräulichkeit«.

Und das ist absolut passend.

PALIMPSEST-VOLK

Russland ist ein Land ohne natürliche Grenzen, es lässt sich nicht auf einen einzigen Stamm oder ein Volk zurückführen, es besitzt keine wirklich zentrale Identität. Schon seine reine Größe ist verblüffend – über elf Zeitzonen erstreckt es sich von der europäischen Festungsregion Kaliningrad, die heute vom Rest des Heimatlandes abgeschnitten ist, bis zur Beringstraße, gerade einmal 82 Kilometer von Alaska entfernt. Bedenkt man obendrein, wie unzugänglich viele seiner Regionen sind und wie verstreut seine Bevölkerung lebt, versteht man, warum seine Herrscher alles daransetzten, die zentrale Kontrolle über das Land zu bewahren, und warum ihnen schon der Gedanke, sie zu verlieren, einen so großen Schrecken einjagte. Einmal traf ich einen (pensionierten) KGB-Offizier, der zugab: »Wir dachten immer, es gehe um alles oder nichts; entweder wir hielten das Land fest im Griff, oder es würde auseinanderfallen.« Ich vermute, seine Vorgänger, seien es zaristische Offiziere oder frühe mittelalterliche Fürsten, hatten so ziemlich dieselben Sorgen – und ganz gewiss auch Putins Funktionäre, allen Fortschritten der modernen Kommunikation zum Trotz.

Seine Lage an der Scheidelinie zwischen Europa und Asien bedeutet auch, dass Russland für alle das immerwährende »Andere« ist. Für Europäer ist es Asien und für Asiaten Europa. Seine Geschichte wurde von außen geformt. Fremde überfielen das Land, von den Wikingern bis zu den Mongolen, vom Deutschritterorden ebenso wie von Polen, Napoleons Franzosen und Hitlers Deutschen. Selbst wenn es nicht von feindlichen Armeen bedrängt wurde, wurde es doch von äußeren Kräften beeinflusst. Ob es sich nun um kulturelles Kapital oder technologische Innovationen handelte, immer begab es sich auf die Suche jenseits der eigenen Grenzen. Zudem hat es das Fehlen eindeutiger Begrenzungen mit beharrlichen Expansionsbestrebungen beantwortet, wodurch es neue ethnische, kulturelle und religiöse Identitätsschichten hinzugewann.

Russen sind demzufolge ein Palimpsest-Volk, Bürger einer Patchwork-Nation, die in allen Lebensbereichen so gut wie immer auf externe Einflüsse verweist. Ihre Sprache belegt dies. Ein Bahnhof etwa heißt *woksal*, nach dem Londoner Bahnhof Vauxhall, wohl Ergebnis einer unglücklichen Übersetzungspanne während des Besuchs einer vor Ehrfurcht ergriffenen russischen Delegation im England des 19. Jahrhunderts. Allerdings sprach die russische Elite damals Französisch, weshalb sie ungeachtet des englischen Bahnhofs die *bagasch* in ihre *kuschet* lud. Im damals russischen Odessa trugen die Straßen italienische Namen, weil dies die gemeinsame Handelssprache im Schwarzmeerraum war. Und seit der Zeit, als Stalin versuchte, die sowjetischen Juden zur Umsiedlung nach Birobidschan an der chinesischen Grenze zu überreden, ist Jiddisch dort die Lokalsprache. Im Kasaner Kreml steht eine orthodoxe Kathedrale neben einer Moschee, während im hohen Norden Schamanen Erdölpipelines segnen.

Natürlich sind alle Völker mehr oder weniger Verbindungen unterschiedlicher Religionen, Kulturen und Identitäten. In einem Zeitalter, da das Lieblingsgericht der Briten Curry ist, die *Académie française* weiterhin einen vergeblichen Kampf gegen Fremdwörter in der französischen Sprache führt und mehr als einer von acht US-Bürgern im Ausland geboren wurde, ist dies allein noch nichts Besonderes. Doch sind es drei Dinge, die an Russlands Geschichte auffällig sind. Als Erstes die schiere Tiefe und Vielfalt seiner dynamischen, elsternartigen Aneignung äußerer Einflüsse. Zum Zweiten die besondere Art und Weise, wie sich die unterschiedlichen Schichten übereinandergelegt und so genau dieses Land mit seiner spezifischen Kultur geschaffen haben. Mögen auch alle Länder Amalgame sein, so unterscheiden sie sich doch sehr durch die Zutaten und die Art, wie sie miteinander vermengt werden. Das Dritte ist die russische Antwort auf ebendiesen Prozess.

Weil sie sich ihrer fluiden, vielfach gekreuzten Identität durchaus bewusst – oft peinlich bewusst – waren, schufen die Russen eine Reihe nationaler Mythen, in denen diese entweder verleugnet oder gepriesen wurde.

Wie ich im ersten Kapitel noch detailreicher ausführen werde, wurde die Gründung dessen, was wir heute Russland nennen, tatsächlich durch eine nationale Ad-hoc-Geschichte verschleiert: Die Unterwerfung durch fremde Wikinger wurde so umgeschrieben, als hätten die Eroberten ihre Eroberer selbst eingeladen. Seither gab es eine wahre Flut solcher Legenden, sei es darüber, wie Moskau zugleich christlich und zum »Dritten Rom« wurde, die Wiege der wahren Christenheit (nachdem das erste von Barbaren geplündert worden und das »Zweite Rom«, Byzanz, an den Islam gefallen war), oder sei es der heutige Versuch des Kremls, Russland als letzte Bastion traditioneller gesellschaftlicher Werte und ein Bollwerk gegen eine von Amerika dominierte Weltordnung in Szene zu setzen.

ZURÜCK IN DIE ZUKUNFT

Die Mongolen eroberten die Rus im 13. Jahrhundert, und als ihre Macht schwand, erfanden sich ihre tüchtigsten Kollaborateure, die Moskauer Fürsten, als größte Helden ihrer Nation neu. In der Hoffnung, genau die Zukunft zu schaffen, die ihnen vorschwebte, überarbeiteten russische Herrscher ein ums andere Mal die Vergangenheit, typischerweise, indem sie sich für ihre Zwecke bei kulturellen oder politischen Mythen und Symbolen bedienten. So vereinnahmten diese Zaren etwa die Symbole des ruhmreichen Byzanz, doch blickte der Doppelkopfadler in ihrem Fall sowohl nach Westen als auch nach Süden. Über die Jahrhunderte sollten Russlands vielschichtige Beziehungen zum Westen eine zunehmend wichtige Rolle spielen. Zuweilen hieß dies, neue Ideen und Werte zu übernehmen und anzupassen. Peter der Große etwa befahl seinen Untertanen, ihr Kinn nach europäischer Mode zu rasieren (oder eine eigens eingeführte »Bartsteuer« zu entrichten); die Sowjets begründeten eine ganze Gesellschaft auf ihrem Verständnis einer Ideologie, die Karl Marx auf Deutschland und Großbritannien anzuwenden gedachte. Manchmal wiederum galt es, westliche Einflüsse entschlossen und bewusst abzuwehren, selbst wenn man hierfür die Vergangenheit neu definieren musste, etwa durch Ignorieren aller archäologischen Hinweise, wonach die Ursprünge des Landes auf seine Eroberung durch die Wikinger zurückgehen. Doch hieß dies nie, den Westen zu ignorieren.

Heute hofft eine neue Elite, ein Narrativ zu finden, das es ihr erlaubt, sich die angenehmen Aspekte des Westens herauszupicken – iPhone und Londoner Penthouse abzüglich einer progressiven Einkommenssteuer und des Rechtsstaats –, und dabei sich und ihr Land so zu definieren, wie es den eigenen Bedürfnissen entspricht. Sie ist dabei nicht immer erfolgreich und macht sich damit nicht nur Freunde, allerdings: Mit der Zeit fragte sich diese Oberschicht immer weniger, wo ihr Platz in der Welt ist, und immer mehr, wie die Welt sie behandelt. Dies ist der Kern jener Dynamik, die zum Aufstieg Wladimir Putins und seiner Verwandlung von einem eigentlich weltoffenen Pragmatiker in einen nationalistischen Kriegsherrn führte, der 2014 die Krim annektierte und in der Südostukraine einen nicht erklärten Konflikt schürte, bis er schließlich 2022 mit einer groß angelegten Invasion begann. Russland ist heute ein Land, in dem die Neuschreibung der Geschichte nicht nur ein weitverbreitetes Hobby darstellt, sondern zu einem eigenen Industriezweig geworden ist. In Ausstellungen kann man die Grundlinien heutiger Politik bis ins Mittelalter zurückverfolgen, als entsprängen sie einem einzigen, ununterbrochenen Entwicklungsprozess. Die Regale der Buchhandlungen ächzen unter revisionistischen Geschichtswerken, und Schulbücher werden auf Linie mit den neuen Glaubensgrundsätzen gebracht. Statuen von Lenin stehen Schulter an Schulter mit jenen von Zaren und Heiligen, als ob sich die jeweiligen von ihnen verkörperten Vorstellungen von Russland nicht widersprächen.

Das Grundthema dieses Buches ist also, die Geschichte dieses faszinierenden, bizarren, ruhmreichen, verzweifelten, ärgerlichen, blutigen und heldenhaften Landes vor allem durch zwei miteinander verknüpfte Aspekte zu erforschen: wie aufeinanderfolgende Einflüsse jenseits seiner Grenzen die Palimpsest-Nation Russland geformt haben und wie sich

Russen mithilfe einer Reihe kultureller Konstruktionen damit arrangierten, ihre Geschichte schrieben und überschrieben, um die eigene Gegenwart zu verstehen und die Zukunft zu beeinflussen. Und wie dies im Gegenzug nicht nur ihr fortwährendes Projekt der Nationenbildung, sondern auch ihre Beziehungen zur Welt zu prägen begann. Dieses Buch wurde nicht für Spezialisten geschrieben, sondern für alle, die sich für die Hintergründe eines Landes interessieren, das zugleich als wirres Relikt eines alten Weltreichs abgeschrieben und als existenzielle aktuelle Bedrohung für den Westen wahrgenommen wird.

Indem ich eintausend Jahre einer ereignisreichen und oft blutrünstigen Geschichte zu diesem kurzen Buch verdichte, zeichne ich sie unvermeidlich mit groben Zügen. Am Ende eines jeden Kapitels stelle ich weiterführende Literatur vor, die wissenschaftlicher vorgeht und hilft, das Gleichgewicht wiederherzustellen. Ich habe mir in diesem Buch nicht vorgenommen, alle Details russischer Geschichte umfassend zu behandeln. Vielmehr möchte ich den wiederkehrenden Aufstiegen und Untergängen dieser außergewöhnlichen Nation nachgehen und untersuchen, wie die Russen selbst diese Geschichte verstanden, erklärt, mythologisiert und umgeschrieben haben.

Weiterführende Lektüre: Für einen ersten Überblick über Russlands tausendjährige Geschichte gibt es viele gute Bücher, die ich aufgrund ihrer besonders eleganten Herangehensweise oder ihres eigentümlichen Stils empfehlen könnte. Ich will mich auf wenige beschränken. Geoffrey Hoskings *Russian History: A Very Short Introduction* (Oxford

University Press 2012) ist genau das, was sie behauptet zu sein: eine sehr kurze Einführung in die Geschichte Russlands. Eher journalistisch als wissenschaftlich geschrieben, erweist sich Martin Sixsmiths *Russia: A 1000-Year Chronicle of the Wild East* (BBC 2012) als lebendiger und lesbarer Überblick. *Nataschas Tanz. Eine Kulturgeschichte Russlands* (Berlin Verlag 2003) von Orlando Figes konzentriert sich vor allem auf die letzten beiden Jahrhunderte, stellt aber nichtsdestotrotz eine Glanzleistung dar. Wenn ein Bild mehr als tausend Worte sagt, dann gilt dies für eine Landkarte mindestens genauso, und Martin Gilberts *Routledge Atlas of Russian History* (Routledge 2007) stellt eine äußerst nützliche Sammlung dar. Geschichte ist auch in Ziegeln und Steinen eingeschrieben, und Catherine Merridales brillantes Buch *Der Kreml. Eine neue Geschichte Russlands* (Fischer 2015) macht den Moskauer Kreml zum Hauptdarsteller der Geschichte Russlands.

EIN HINWEIS ZUR SPRACHE

Es gibt verschiedene Möglichkeiten, aus dem Russischen zu transkribieren. Ich habe mich entschieden, russische Wörter so wiederzugeben, dass sie ihrer Aussprache möglichst nahekommen, außer in Fällen, in denen sich bestimmte Schreibweisen so sehr etabliert haben, dass eine Neuschreibung verwirren würde. Sprache ist an sich politisch, wie auch die Art, wie wir über etwas sprechen, vorgibt, wie wir über etwas denken. Dies wurde insbesondere in der postsowjetischen Zeit deutlich, als Staaten mit ihrer Unabhängigkeit vom Zentrum auch ihre linguistische Autonomie geltend machten. Dies gilt insbesondere für die Ukraine: Heute wird der Name ihrer Hauptstadt als Kyjiw wiedergegeben. Ich wähle für die Stadt vor 1991 dennoch weiter die Bezeichnung Kiew, keinesfalls um das Recht der Ukraine auf Eigenstaatlichkeit zu bezweifeln, sondern um darauf hinzuweisen, inwieweit die Stadt einmal Teil einer größeren slawischen und russischen politischen Ordnung war. Außerdem bilde ich den Plural russischer Wörter, indem ich ihnen statt des korrekten -i oder -y ein -s oder -en anhänge. Puristen bitte ich um Verzeihung.

1.

»Lasst uns nach
einem Fürsten suchen,
der über uns herrsche.«

CHRONIK

862? Ankunft Rjuriks, Geburt der neuen Nation der Rus
882 Oleg erobert Kiew und verlegt seine Hauptstadt von Nowgorod dorthin
980 Wladimir der Große wird Großfürst von Kiew
988 Wladimir ordnet die Bekehrung zum orthodoxen Christentum an
1015 Wladimirs Tod löst innerdynastische Kämpfe aus
1036 Jaroslaw der Weise kontrolliert alle Länder der Rus
1054 Jaroslaws Tod löst innerdynastische Kämpfe aus
1097 Fürstentag von Ljubetsch
1113 Wladimir Monomach wird auf Bitten der Kiewer Bevölkerung Großfürst

Wiktor Wasnezow: *Die Ankunft Rjuriks am Ladogasee* (1909)

Wiktor Wasnezows Darstellung von Fürst Rjuriks Ankunft an den Ufern des Ladogasees ist ein Klassiker ganz eigener Art. Die *Nestorchronik* aus dem zwölften Jahrhundert, die beste Einzelquelle zu dieser Zeit, erwähnt Scharmützel, in denen verstreute slawische Stämme im späteren Russland gegen die »Waräger« – ihr Name für skandinavische Wikinger – gekämpft haben, um sie aus ihrem Land zu vertreiben. Doch als die Tschuden und Merja, die Radimitschen und Kriwitschen und all die anderen Clans und Stämme versuchten, sich selbst zu regieren, kamen dabei nur neue Kriege heraus. Da sie sich weder über Rangordnung und Protokoll noch über Territorien und Regionen einig wurden, wandten sie sich erneut an die Waräger und erbaten von ihnen einen Fürsten: »Unser Land ist groß und reich, doch gibt es darin keine Ordnung. Kommt und herrscht über uns.«

So gelangte Rjurik (reg. 862?–879) an die Macht, dessen Nachkommen die Dynastie der Rjurikiden begründeten, die bis ins 17. Jahrhundert über Russland herrschen sollte. Wasnezow zeigt ihn, wie er mit Brüdern und Gefolge von Bord eines typischen Wikinger-Langschiffs mit Drachen-Bug geht. In der Hand hält er eine Axt, um zu betonen, dass er ein Kriegsfürst ist. Am Ufer des Ladogasees wird er mit Tributen und buchstäblich offenen Armen von einer Delegation seiner neuen Untertanen empfangen.

Das Historiengemälde ist detailreich und plastisch. Bis hin zu den konischen Helmen der Wikinger und den traditionellen Stickereien auf den Kleidern der Slawen hält es sich genau an die Legende. Wie die dargebotenen Tribute eine Brücke zwischen dem neuen Herrscher zu seinen neuen Untertanen schlagen, ist von formvollendeter Symbolik. Es ist aber auch sehr, sehr falsch.

DIE ANKUNFT DER RJURIKIDEN

Es gab tatsächlich einen Rjurik, womöglich handelte es sich um Rörik von Dorestad, einen ehrgeizigen dänischen Emporkömmling, dessen Überfälle den Frankenkönig Ludwig den Frommen so sehr erzürnten, dass er ihn 860 verbannen ließ. Dies stimmt praktischerweise mit dem Zeitpunkt von Rjuriks Ankunft am Ladogasee – der im Allgemeinen auf die Zeit zwischen 860 und 862 geschätzt wird – und seinem Verschwinden aus westlichen Chroniken überein. Skandinavische Raubhändler wussten schon seit Langem von den Ländern der Slawen, nicht zuletzt aufgrund ihrer Suche nach neuen Handelsrouten nach Miklagard, in die »Große

Stadt« – die oströmische Hauptstadt Konstantinopel (Byzanz), das heutige Istanbul – weit im Süden. Immerhin bestand die Leibgarde des byzantinischen Kaisers, die Warägergarde, aus skandinavischen Söldnern. Warum also sollte Rörik von Dorestad, nachdem er von zu Hause vertrieben worden war, nicht in diesem Gebiet ein neues Fürstentum errichten? Zunächst ließ er ein Fort am Ladogasee bauen, wo er und seine Männer gelandet waren, und schon bald übernahm er einen Handelsposten landeinwärts und ließ ihn zu einem Stützpunkt ausbauen, den er Holmgard nannte und der als Nowgorod (»Neue Stadt«) bekannt werden und zu einem der großen Zentren des alten Russlands aufsteigen sollte. Nur scheint es leider an Belegen dafür zu fehlen, dass er eingeladen wurde.

Rjuriks Abenteuer war lediglich Teil einer größeren Abwanderungsbewegung von Skandinaviern in Richtung Süden und Osten. Manchmal traten sie als Händler in Erscheinung, öfter fielen sie in feindliche Gebiete ein und bekämpften nicht nur die Einheimischen, sondern schonten sich auch gegenseitig nicht. Der arabische Chronist des zehnten Jahrhunderts, Ibn Rustah, sollte später einmal, zugegebenermaßen leicht übertrieben, berichten, dass sie einander und den Völkern um sich herum misstraut hätten, weshalb etwa ein Mann nicht habe austreten können, ohne dass drei bewaffnete Kameraden ihn begleiteten. Doch trotz aller Gefahren wurden sie von diesen Gebieten unwiderstehlich angezogen.

Im Süden und Osten befanden sich die weiten Ebenen der Steppe, der Einflussbereich verschiedener Turkstämme, Nomaden und ehemaliger Nomaden wie der Bulgaren und Chasaren. Sie verlangten zwar Tribut von den benachbarten slawischen Stämmen wie den Polanen (das Volk der Ebene), die südlich von Kiew lebten, doch weder eroberten noch besiedelten sie deren Einzugsgebiete. Weiter im Südwesten lag Konstantinopel, das die Slawen Zargrad nannten, »Kaiserstadt«. Deren Handelsstationen erstreckten sich bis zum Schwarzen Meer, doch fehlte es ihr an Willen, Armeen oder Interesse, weiter nördlich vorzudringen. Im Westen waren die Magyaren und westslawische Völker wie die Böhmen dabei, ihre eigenen festen Staatengebilde zu gründen, die teilweise von den Deutschen beherrscht wurden.

Kurz gesagt, dies war ein Gebiet, in dem viele Stämme lebten und kleine Siedlungen existierten – die Skandinavier nannten es Gardarike, »Land der Burgen« –, das jedoch ohne Herrscher auskam. Breite, reißende Flüsse, insbesondere die Düna und der Dnjepr, die Wolga und der Don, fungierten als regelrechte Wasserstraßen, wichtige Routen für raubende wie handelnde Waräger, deren flachbödige Schiffe weit flussaufwärts fuhren und auf den relativ kurzen Abschnitten zwischen zwei Flüssen getragen oder gezogen wurden. Man konnte zum Beispiel wie Rjurik entlang der Newa vom Finnischen Meerbusen bis zum Ladogasee segeln und von dort zur Quelle der Wolga, dem längsten Fluss Europas, vorstoßen. Nach einer lediglich fünf bis zehn Kilometer langen Landpassage – Portage – war es den Reisenden möglich, den gesamten Weg Richtung Süden bis zum Kaspischen Meer zu segeln. In diesen Gebieten gab es Wälder und Bernstein, Felle und Honig, aber auch die lukrativste Ware überhaupt: Sklaven. Vor allem aber gab es Handelsrouten nach Konstantinopel und direkt nach »Serkland« – Seidenland –, wie man die muslimischen Gebiete des Ostens nannte. Skandinavier hatten bereits früher von den Stämmen aus dem Nordwesten Tribute in Form von Gütern und Silber gefordert, bis Aufstände im Jahr 860 sie dazu zwangen, ihre hölzernen Festungen aufzugeben und nach Hause zurückzukehren, doch gab es keinen ersichtlichen Grund, warum sie von dort länger als nötig wegbleiben sollten.

Tatsächlich hatten in der Zeit, als Rjurik in Nowgorod siedelte, zwei weitere Wikinger-Abenteurer, Askold und Dir, mit ihren Männern die südwestslawische Stadt Kiew eingenommen und sie zum Ausgangspunkt ihres ehrgeizigen, wenngleich erfolglosen Raubzugs nach Konstantinopel gemacht. Andere hatten Gleiches bereits versucht, als etwa ein halbes Jahrhundert zuvor Abenteurer aus Skandinavien an der südlichen Schwarzmeerküste auf Beutezug gingen. Die Slawen nannten diese warägischen Eroberer die Rus (wahrscheinlich nach den Ruotsi, dem finnischen Wort für Schweden), und damit waren die Länder der Rus geboren.

KIEWER RUS

Auf Rjurik folgte dessen Feldherr Oleg (reg. 879–912), der anstelle Igors, Rjuriks jungem Sohn, regierte. Oleg erwies sich als ebenso tüchtig wie rücksichtslos. Er tötete sowohl Askold als auch Dir und eroberte im Jahr 882 Kiew. Daraufhin verlegte er seine Hauptstadt aus dem kalten nördlichen Nowgorod an den Dnjepr, und Kiew sollte über Jahrhunderte die beherrschende Stadt der Rus bleiben. Die wahre Geburtsstunde der Rjurikiden schlug, als Igor (reg. 912–45) Oleg um das Jahr 912 als Fürst von Kiew ablöste. Mit der Zeit begannen die skandinavischen Rus und ihre slawischen sowie anderen Untertanen, untereinander zu heiraten, und ihre Kulturen vermischten sich. Dies wurde durch beträchtliche Gemeinsamkeiten ihrer heidnischen Religionen erleichtert: So war etwa Perun, der slawische Gott des Donners, dem skandinavischen Thor sehr ähnlich. Und so entstand entlang der Hauptschifffahrtsrouten, in den von hölzernen Palisadenzäunen geschützten Städten und Dörfern, die Festungen und Handelsstationen zugleich waren, eine neue Nation.

Eine Mischung aus Eroberungen, Handel, Siedlungen und Allianzen führte dazu, dass die Macht Kiews wuchs. Das Byzantinische Reich mit seiner Hauptstadt Konstantinopel konnte sich zwar mehrerer Raubzüge erwehren, doch sicherte sich Kiew in den Jahren 907 und 911 Verträge, in denen das Reich den Emporkömmling wenn nicht ebenbürtig, so doch als eine Macht behandelte, die Respekt verdiente. Slawische Stämme wie die Sewerjanen und die Drewlanen wurden unter Kiews Kontrolle gebracht, wenngleich nicht ohne Verluste. (Igor sollte in den Kämpfen gegen Letztere getötet werden, wofür seine Witwe Olga später blutige Rache übte.)

Doch blieben die Rus nicht ohne Herausforderer. Sie waren Eroberer, Piraten und Händler nicht nur aus Habgier, sondern auch aus der Not heraus. Im Süden wuchs eine neue nomadische Macht heran, die Petschenegen, von deren zunehmenden Angriffen ab 915 die *Nestorchronik* ausführlich berichtet. Sie hatten es insbesondere auf die Stromschnellen des Dnjepr abgesehen, also jenes Flusses, der für die Handelsbeziehungen und damit den Wohlstand der Rus von zentraler Bedeutung war und dessen Niederungen die Petschenegen für ihre Sommerweiden und als Jagdgründe nutzten. Weit südöstlich von Kiew erstreckten sich neun Granitrü-

Das alte Russland
Grenzen der Rus
Territorien der Rus
Weißes Meer
FÜRSTENTUM NOWGOROD
FÜRSTENTUM WLADIMIR-SUSDAL
Nowgorod
Wolga
Rostow
Susdal
Wolga
Murom
Rjasan
FÜRSTENTUM MUROM-RJASAN
FÜRSTENTUM SMOLENSK
Ostsee
Polozk
FÜRSTENTUM POLOZK
Smolensk
Dnjepr
FÜRSTENTUM TSCHERNIGOW
Don
Tschernigow
FÜRSTENTUM WOLHYNIEN
FÜRSTENTUM KIEW
Kiew
FÜRSTENTUM PEREJASLAW
Perejaslaw
FÜRSTENTUM GALITSCH
Galitsch
Asowsches Meer
Tmutarakan
Chersones
Donau
Schwarzes Meer
0
200 Kilometer

cken über den Fluss. Wenn der Fluss im Frühjahr zur Schneeschmelze anschwoll und über seine Ufer trat, waren diese Dämme von Wasser bedeckt, doch zu anderen Jahreszeiten bildeten sie Barrieren, die Reisende dazu zwangen, ihre Boote aus dem Wasser und über Land zu ziehen. Dann waren die Rus besonders anfällig für Angriffe der Petschenegen. Fürst Swjatoslaw selbst (reg. 945/960–72) wurde mit nur etwa 30 Jahren getötet, als er versuchte, einen ihrer Überfälle bei den Stromschnellen abzuwehren. Sein Schädel endete als Trinkbecher der Nomaden. So wie die Rus von slawischen Stämmen und, wo immer möglich, benachbarten Völkern Schutzgelder erpressten, sahen sie sich wiederholt gezwungen, ihrerseits die Petschenegen auszubezahlen.

Swjatoslaw war ein Kriegsfürst mit an Arroganz grenzendem Selbstvertrauen. Sein ältester Sohn und kurzzeitiger Nachfolger Jaropolk scheint hingegen so unsicher gewesen zu sein, dass er selbst vor einem Brudermord nicht zurückschreckte. Er tötete Oleg (der zugegebenermaßen womöglich als Erster zugeschlagen hatte) und vertrieb seinen anderen Bruder Wladimir aus dessen Bastion Nowgorod. Allerdings sollte Wladimir 980 mit einer Armee warägischer Söldner zurückkehren, Jaropolk töten und selbst den Thron besteigen. Anschließend machte er sich daran, den Lauf der russischen Geschichte zu verändern.

WLADIMIR DER GROSSE

Wladimir (reg. 980–1015) sollte sich als Gründer eines Imperiums erweisen. War Swjatoslaw noch der klassische Warägerfürst, ein kampfeslustiger Krieger und Räuber, der sich selbst in die Riemen legte, wenn er in der Hoffnung auf Beute nach Zargrad segelte, so war Wladimir ein Planer und Politiker, der danach strebte, die Rus über ihre Wikingerwurzeln hinauszuführen. Unter seinem Befehl weitete die Kiewer Rus ihre Herrschaftsgebiete aus, indem sie die Petschenegen bekämpfte, andere Stämme unterwarf, Städte einnahm und den Wolgabulgaren zusetzte. Um Kiew ließ er Verteidigungsanlagen ausbauen oder neu errichten, darunter die mächtigen Schlangenwälle – nach ihrer Fertigstellung im elften Jahrhundert sollten sie sich über Hunderte von Kilometern erstrecken –, mit denen die Stadt vom Süden her gesichert wurde. Bei Belgorod und Perejaslaw wurden entlang des Dnjepr neue Städte samt befestigten Häfen gegründet. Eine ganze Reihe von Festungen wurde errichtet, um die Petschenegen in Schach zu halten. Die traditionellen Holzwälle wurden nun mithilfe griechischer Baumeister aus Zargrad durch ungebrannte Ziegelsteine verstärkt.

Der Grund, warum neue Techniken und Technologien aus Konstantinopel importiert wurden, war Wladimirs schicksalhafte Entscheidung, zum Christentum zu konvertieren – und die Elite und Untertanen der Rus zu zwingen, es ihm gleichzutun. Dabei gab es keine frühen Anzeichen für derartige Ambitionen vonseiten Wladimirs. Vielmehr hatte er zuvor befohlen, auf einem der Hügel Kiews einen heidnischen Tempel mit großen hölzernen Götzen zu errichten, die auf die Stadt hinabblicken sollten. Auch schien er regelmäßige Ausschreitungen gegen Christen achselzuckend hinzunehmen. Doch im Jahr 988 befahl Wladimir, die heidnischen Götzen abzutragen, und ließ die Bevölkerung Kiews sprichwörtlich mit Spießruten zur Zwangstaufe in den Dnjepr treiben. (Tatsächlich sollten Christentum und

Heidentum noch über Jahrhunderte nebeneinander existieren, da Ersteres Letzteres nur sehr langsam verdrängte.) Religion und Staatsmacht schmiedeten erstmals jenes enge Bündnis, das Russland bis heute bestimmt.

Warum hat Wladimir das getan? Einer nicht unumstrittenen Legende zufolge sandte er Boten mit dem Ziel aus, die Attraktivität der Hauptreligionen seiner Zeit abzuschätzen. Das Judentum wurde abgelehnt, da die Juden aus ihrer Heimat vertrieben worden waren und er dies als Beleg dafür sah, dass Gott nicht auf ihrer Seite stand. Die römisch-katholische Religion wurde abgewiesen, weil es ihm unvorstellbar war, dass ein Großfürst von Kiew sich der Autorität des Papstes unterwerfen könnte. Der Islam wurde aufgrund seines Alkoholverbotes verschmäht, wozu Wladimir angeblich bemerkte: »Das Trinken ist die Freude der gesamten Rus. Wir können ohne dieses Vergnügen nicht existieren.« (Einige Stereotype lassen sich anscheinend bis weit in die Vergangenheit zurückverfolgen.) Stattdessen ließ er sich vom byzantinisch-orthodoxen Christentum überzeugen, nachdem seine Gesandten von der Eucharistie im überkuppelten Kirchenschiff der gewaltigen Hagia-Sophia-Kathedrale geschwärmt hatten: »Wir wussten nicht, ob wir im Himmel waren oder auf der Erde. Denn auf Erden gibt es keine solche Pracht und keine solche Schönheit, und uns fehlen die Worte, sie zu beschreiben. Wir wussten nur, dass hier Gott unter den Menschen lebt, und ihr Gottesdienst ist herrlicher als die Zeremonien anderer Völker.«

Nun, vielleicht. Auch dies ist eine reizende Geschichte, doch ist die Wahrheit wahrscheinlich vertrackter und pragmatischer. Das orthodoxe Christentum hatte sich in der Rus, insbesondere unter den Bojaren, ihren Feudalherren und Stammesführern, bereits ausgebreitet. Das kyrillische Alphabet, das sich dereinst in ganz Russland durchsetzen sollte, hat seine Wurzeln im Griechischen und wurde von byzantinischen Missionaren, den beiden Heiligen Kyrill und Method, im neunten Jahrhundert an die Besonderheiten der slawischen Sprachen angepasst. Wladimirs eigene Großmutter Olga (reg. 945–60) hatte sich taufen lassen, obwohl sie keine allzu große Neigung verspürt hatte, dem Feind ihre andere Wange hinzuhalten: Sie war zum Beispiel dafür berüchtigt, drewlanische Emissäre lebend zu begraben oder zu verbrennen, um ihren Ehemann Igor zu rächen. Außerdem hatten die religiösen Unruhen, die Kiew erschüttert hatten, gezeigt, welche Risiken drohten, würde man versuchen, die Spannungen zwischen Heiden und Christen zu ignorieren. Das byzantinische Christentum verlangte keine Unterwerfung unter einen entfernten geistlichen Führer und barg das Versprechen auf engere Beziehungen zu Zargrad. Einigen Quellen zufolge war Wladimir zuvor schon auf byzantinische Gebiete vorgedrungen und hatte Chersonesos auf der Krimhalbinsel eingenommen. Anderen, vor allem arabischen Schriften zufolge wurden die Griechen von einem Bürgerkrieg erschüttert, und Kaiser Basileios II. suchte verzweifelt nach Verbündeten. Doch wie dem auch sei, Wladimir nutzte die byzantinische Schwäche, um eine dynastische Verbindung einzugehen. Sein Ziel war es, Anna, die Schwester des Kaisers, zu heiraten. Der Preis hierfür bestand nicht nur darin, militärische Unterstützung zu leisten, zugleich mussten sowohl er selbst als auch seine Untertanen den christlichen Glauben annehmen.

Der Handel wurde abgeschlossen, und Wladimir in Chersonesos getauft. Später sollte er als heiliger, apostelgleicher Großfürst Wladimir heiliggesprochen werden, doch war dieser anscheinende Akt der Frömmigkeit nichts weiter als skrupellose Staatskunst. Er festigte seinen Rang als Größter der Rus und zementierte gleichzeitig die Verbindungen mit ihren mächtigsten Nachbarn und reichsten Handelspartnern.

Wladimir, der bereits Erfahrungen im Exil gesammelt hatte, wollte sich damit womöglich auch ein angenehmes Schlupfloch für die Zukunft offenhalten, nur für den Fall, dass es ihm noch einmal so ergehen könnte. Doch wie sich herausstellte, herrschte er fast drei weitere Jahrzehnte. Da das Herrschaftsgebiet Kiews größer wurde und angesichts der Schwierigkeiten, die eine Herrschaft über ein expandierendes Land mit sich bringt, setzte er seine Söhne in vielen Städten als Fürsten unter ihm ein. Der Tribut floss auch weiterhin nach Kiew, doch in solchen Zeiten und in einem Land, in dem es nur wenige Straßen gab und die Fließrichtung der Flüsse Reisen weitgehend auf Nord-Süd-Routen beschränkte, in dem die Gebiete zwischen den Städten dicht bewaldet und dünn besiedelt waren, war es unvermeidlich, dass der Einfluss des Großfürsten auf seine Vasallen eher gering war. Für Wladimir war es einfach unmöglich, die Städte seines Reichs auf Dauer zu kontrollieren. Und jeder Fürst hatte sein bewaffnetes Gefolge, seine Vettern und Lieblinge, seine eigenen Interessen und Prioritäten. Wenn er sich nicht gerade im Grenzgebiet aufhielt und Hilfe gegen anstürmende Feinde benötigte, warum sollte er auf Kiew hören?

Der Erste, der dies auszutesten begann, war Jaroslaw der Weise, der im Jahr 1014 aufhörte, an seinen Vater Tributzahlungen zu entrichten. Wladimir begann, seine Truppen um sich zu sammeln, um seine Macht wiederherzustellen, doch war er bereits gesundheitlich angeschlagen und starb im darauffolgenden Jahr, noch bevor er seine Strafexpedition auf den Weg schicken konnte. Hierauf folgten blutige Auseinandersetzungen zwischen den Thronanwärtern, an denen sich zum ersten Mal in der Geschichte eine weitere aufstrebende Macht der Zeit beteiligte, die Polen. Jaroslaws älterer Bruder Swjatopolk hatte bereits gegen seinen Vater intrigiert, womöglich angestachelt durch seinen Schwiegervater, den polnischen Herzog Bolesław. Im Kampf um die Vorherrschaft sollte Kiew in den darauffolgenden Jahren zuerst von Swjatopolk und dann von Jaroslaw eingenommen werden. Jaroslaw heuerte warägische Söldner an, Swjatopolk Petschenegen und Polen. Jaroslaw gewann, hatte aber einen gefährlichen Präzedenzfall für künftige blutige Familienstreitigkeiten geschaffen. Sein Neffe Brjatschislaw von Polozk begann, sein Auge auf die reichen Märkte Nowgorods zu werfen, während im Süden sein furchterregender Bruder Mstislaw, Fürst von Tschernigow und Tmutarakan, Kiew zu Leibe rückte. Erst im Jahr 1036 gelang es Jaroslaw (reg. 1036–54), alle Rivalen zu beseitigen und endlich zum Großfürsten von Kiew, Fürsten von Nowgorod und Herrscher über die ganze Rus aufzusteigen.

Es war ein Triumph. Doch wie für Höhepunkte üblich, führte der Weg daraufhin nur noch nach unten.

ZERSPLITTERUNG UND ROTATION

Der schwer erkämpften Herrschaft Jaroslaws sollte schließlich ein großer Erfolg mit paradoxen Folgen beschieden sein. Er eroberte die Territorien, die Bolesław eingenommen hatte, zurück, unterwarf Gebiete im heutigen Estland und zerschlug eine Belagerung Kiews durch die Petschenegen. Zwar misslang ihm 1043 ein Angriff auf Konstantinopel vom Meer aus, dennoch konnte er einen neuen Vertrag mit Zargrad abschließen und einen seiner Söhne, Wsewolod, mit einer weiteren byzantinischen Prinzessin (von denen es einen unerschöpflichen Vorrat zu geben schien) verheiraten. Es herrschte Frieden, der Handel blühte, und die Ernten waren gut. Aus Konstantinopel, der arabischen Welt und Nordeuropa kam Silber ins Land. Die Städte Russlands erlebten eine Blütezeit: Ihre Märkte wuchsen, und ihre hölzernen Wälle wurden abgerissen, als sich immer mehr Menschen innerhalb ihrer sicheren Mauern niederließen. Nachdem in Kiew die Sophienkathedrale mit ihren weißen Mauern und ihrer goldenen Kuppel fertiggestellt war, begannen auch andere Städte, die Fundamente für ähnliche Bauwerke zu legen, die sichtbare Zeichen des neuen Glaubens sein sollten.

All das war offensichtlich ein Zeichen des Fortschritts und ein Segen für Kiew und dessen Großfürsten, der nun theoretisch Zugang zu höheren Tributzahlungen hatte. Andererseits trug diese Entwicklung bereits die Samen einer politischen Zersplitterung in sich. Die Länder der Rus wurden im Wesentlichen wie ein Familienbesitz geführt. Der Großfürst teilte seinen Söhnen oder einem ihm vertrauten *Posadnik* (Statthalter) Städte zu. Es kam sogar vor, dass Fürsten, je nach Notwendigkeit und Gelegenheit, von einer Stadt in die andere versetzt wurden. So war etwa Jaroslaw ursprünglich von Rostow nach Nowgorod gezogen, nachdem im Jahr 1010 sein Bruder Wjatscheslaw gestorben war.

Sein jüngerer Bruder Boris wiederum hatte an seiner statt Rostow übernommen.

Die Legitimität eines Fürsten hing von jener des Großfürsten ab, und seine militärische Stärke war begrenzt. Er hatte seine Leibgarde, die *Druschina*, doch überstieg ihre Größe kaum ein paar Hundert Mann – genug, um Steuern einzutreiben und den Fürsten zu bewachen, nicht jedoch, um Krieg zu führen. Darüber hinaus konnte er Söldner aus dem Ausland anheuern – die auf eigene Kosten und auf eigene Gefahr anreisten – und in seiner eigenen Stadt Abgaben erheben. Zudem waren seine Handlungsmöglichkeiten oft an die Jahreszeiten gebunden (waren womöglich alle kampffähigen Männer in der Ernte eingebunden?) und hingen davon ab, wie beliebt er bei seinen Untertanen war.

Es gab allerdings keine eindeutig akzeptierte Nachfolgeregelung, was die Bruderkriege erklärt, die auf Jaroslaws Tod im Jahr 1054 ebenso folgten wie zuvor bereits auf Wladimirs Tod. Sollte der Rang des Großfürsten an den ältesten Sohn oder den ältesten Bruder fallen? Die zweite Hälfte des elften Jahrhunderts war von wiederkehrenden Bürgerkriegen und groben Auseinandersetzungen charakterisiert, bei denen man über solche Fragen stritt und sie provisorisch löste, nur um sie bald von Neuem zu stellen. Zum Teil lag dies genau daran, dass die neu entstehenden Städte und die sie umgebenden Fürstentümer immer mächtiger und wohlhabender wurden. Sie bildeten die finanzielle Grundlage, die es einem Fürsten ermöglichte, seine privaten Kriege zu führen. Außerdem erhielten sie nun ihr eigenes Stimmrecht, insbesondere durch die *Wetsche*, eine Stadtversammlung. Theoretisch war die *Wetsche* ein Ort, an dem alle freien männlichen Bürger gehört werden konnten, wenngleich sie in der Praxis eher zu einem Instrument der Reichen und Mächtigen geriet. In Nowgorod, das, wie wir im nächsten Kapitel sehen werden, zu einer dem Baltikum zugewandten Handelsstadt geworden war, spielte die *Wetsche* eine besonders wichtige Rolle. Sie entschied sogar darüber, wer *Posadnik* (Bürgermeister) werden sollte. Doch auch anderswo gab es Anzeichen dafür, dass die Stadtbevölkerung zu einer selbstständigen politischen Kraft aufsteigen könnte. Im Jahr 1113 etwa setzten sich die Menschen aus Kiew erfolgreich dafür ein, dass Fürst Wladimir Monomach von Perejaslaw (reg. 1113–25) ihr Großfürst werden sollte, obwohl die Krone nach Übereinkunft der Fürsten an Jaroslaw von Wolhynien hätte gehen sollen. Monomach zögerte, sich dem fürstlichen Kollektiv zu widersetzen, bis die Kiewer ihn warnten: »Komm, Fürst, nach Kiew. Kommst du aber nicht, so sollst du wissen, dass viel Schlimmes entsteht.« Sie drohten ihm mit allem Möglichen, von Pogromen gegen die einheimischen Juden bis zu Angriffen gegen seine eigene Schwägerin.

Genau hierin liegt die Ironie: Im Verlauf des zwölften Jahrhunderts gewann die Position des Großfürsten zunehmend an Wert und war, zusammen mit der Kontrolle über Kiew, immer wieder umkämpft. Mehrmals musste ein neuer Großfürst seine Rivalen abwehren, da mehrere dynastische Linien ihren Anspruch auf die Macht oder ihr Recht geltend machten. Doch zur gleichen Zeit zersplitterte der Staat der Rus in seine politischen Einzelteile und entwickelte sich zu einer Konföderation von Fürstentümern. Dann wieder versuchten sich einige von Kiew zu lösen, während andere sich noch enger banden. Doch letztlich gehörten sie alle zur Gemeinschaft der Rus. Sie betrachteten Kiew nicht nur als

Preis, den es zu erringen galt, sondern auch als Zentrum ihrer Kultur, ihres Glaubens und ihrer Identität. Dabei sahen sich die Fürsten nicht notwendig als Untertanen des Großfürsten, und sie waren durchaus bereit, ihre eigene Politik zu betreiben. Dies wurde auf dem Fürstentag von Ljubetsch festgeschrieben, wo man sich darauf verständigte, eine einige Front gegen die Einfälle von Nomaden zu bilden und deshalb das alte Rotationssystem aufzugeben, wonach Fürsten zwischen Städten hin- und hergeschoben werden konnten. Stattdessen sollte die Rangordnung innerhalb einer Familie vererbt und Territorien unter den Erben geteilt werden. Damit war der russische Feudalismus geboren, wenngleich dessen Regeln von Zeit zu Zeit überstrapaziert und gebrochen wurden.

So gewann also Kiew, das am Kreuzungspunkt mehrerer Zivilisationen und Staaten lag und Hauptstadt eines Gebildes war, das auf Handel und Eroberung basierte, weiter an Bedeutung. Allerdings waren seine Ambitionen zu Beginn des 13. Jahrhunderts in vielerlei Hinsicht größer als sein tatsächlicher Einfluss. Die Stadt war reich und wurde geachtet, viele ihrer Industriezweige, von der Glasbläserei bis zur Juwelenproduktion, erstarkten, sie war der Mittelpunkt der russisch-orthodoxen Kirche und der Traum aller ehrgeizigen Fürsten. Sie hatte jedoch nicht das Sagen, und die Macht zerrann ihr unmerklich unter den Händen. Archäologische Belege lassen den Schluss zu, dass die Rus trotz gelegentlicher dynastischer Konflikte gedieh. Kiew wurde wiederholt geplündert, schaffte es aber jedes Mal schnell, sich zu erholen, und wurde rasch wieder aufgebaut. Die Nowgoroder waren damit beschäftigt, neue Handelsrouten nach Nordsibirien zu eröffnen, und ihre Stadt beherbergte eine aufstrebende Gemeinschaft baltischer Händler. Das Fürstentum Wladimir-Susdal breitete sich in Richtung der bulgarischen Gebiete aus. Selbst der Aufstieg einer neuen nomadischen Bedrohung, der Kumanen und Kiptschak, die von der Rus zusammenfassend als Polowetzen bezeichnet wurden, stellte kein unlösbares Problem dar. Die ersten erschienen im Jahr 1055, und von 1061 an plünderten sie die Länder der Rus. Zwar besiegten sie im Jahr 1093 eine von Wladimir Monomach angeführte Armee, doch gelang es diesem, sich zu sammeln und die Eindringlinge zu vertreiben. Sie begingen zwar weiterhin oftmals brutale Überfälle und plünderten 1096 Kiews Höhlenkloster, stellten jedoch keine existenzielle Bedrohung für die Rus dar. Einige der unterworfenen Stämme sollten schließlich sogar im Dienste Kiews stehen.

Die Rus ahnten allerdings noch nicht, dass hinter den Polowetzen bereits eine neue Bedrohung lauerte, Nomaden, die diese in Richtung Westen vor sich hertrieben und eine viel größere Gefahr darstellten. Die Mongolen waren auf dem Vormarsch, und die zerstrittenen, mit sich selbst beschäftigten Fürstentümer der Rus machten sich keine Vorstellung davon, was dies bedeutete.

DIE NORMANNISCHE EROBERUNG

Die blutigen politischen Details der alten Rus scheinen weit entfernt und für die Gegenwart von geringer Relevanz zu sein. Dennoch muss jede Geschichte Russlands mit ihnen beginnen, und zwar nicht nur aus chronologischen Gründen, sondern auch, weil sich eine direkte und oft blutige Verbindung zwischen diesen Zeiten und dem Heute herstellen lässt. Die Entstehungsgeschichte, in welcher von der eigenen Verletzlichkeit als Triebfeder des Handelns fabuliert wird, bestimmt den Ton, vor allem, weil sie nicht einfach nur von Schwäche handelt, sondern weil in ihr eine Eroberung thematisiert wird, aus der heraus etwas Neues geschaffen wurde. Viele Grundannahmen der Russen über die Welt und ihren Platz darin können bis in die Zeiten Rjuriks und Wladimirs, Jaroslaws und ihrer Nachfolger zurückverfolgt werden.

Zum Ersten stellt der andauernde Kampf zwischen Zentrum und Peripherie in diesem riesigen Land bis heute, im Zeitalter moderner Kommunikationsmittel, eine unvermeidliche Herausforderung dar. Das hieraus entstandene Herrschaftsmuster, wonach unzählige Fürstentümer aufstiegen, sich teilten und miteinander in Konkurrenz traten, sich ins Zentrum wagten und es wieder verloren, sollte für Russland eine fundamentale Bedeutung erlangen. Zum Zweiten war Russland immer schon dazu verurteilt, von mächtigen Ländern umgeben zu sein, die es in gleicher Weise bedrohten wie beeindruckten und gegen deren kulturelle, technologische, militärische und wirtschaftliche Errungenschaften es sich ebenso wehrte, wie es ihnen nacheiferte. Es ist, könnte man meinen, für immer das Schicksal eines Landes an der Schwelle zwischen Europa und Asien, dem Norden und dem Süden, einerseits ein lebendiger Knotenpunkt großer Handelsrouten zu sein, an dem Ideen und Wohlstand nur so gedeihen, und andererseits die Beute all jener Imperien zu werden, die sich gerade im Aufstieg befinden.

Im Norden der Rus bestachen die Waräger durch ihre Macht und Zielstrebigkeit. Sie schenkten dem Land eine neue Herrscherklasse, blieben jedoch gleichzeitig eine ständige Bedrohung. Im Süden waren es die Petschenegen, deren Geschwindigkeit und Brutalität sie zu einer Bedrohung machten, die die Russen bestenfalls im Zaum halten, nie jedoch endgültig besiegen konnten. Noch weiter im Süden lockte Konstantinopel sowohl mit kulturellem Kapital als auch als Handelsmacht, sodass ein Aufstieg zum »Zargrad der Rus« das Beste war, was Kiew sich erhoffen konnte. Im Westen tauchten neue Herausforderer wie die Deutschen und die Polen auf, und sie begannen bereits damit, nicht nur an Russlands Grenzen zu nagen, sondern sich in seine dynastische Ordnung einzumischen.

Das mag Geschichte sein, doch Geschichte ist auch im heutigen Russland noch sehr lebendig. Wladimir Putin beteuert, dass »wir uns der Unteilbarkeit und Unversehrtheit der tausendjährigen Geschichte unseres Landes bewusst geworden sind«. Russen verzehren sich nach Filmen und Büchern über die Vergangenheit ihres Landes. Es gibt eine begeisterte Reenactment-Bewegung mit mittelalterlich verkleideten Kriegern, die sich vor hölzernen Festungen in inszenierte Nahkämpfe stürzen, sowie hinreißend uniformierten Grenadieren und Husaren, die sich in nachgestellte napoleonische Schlachten begeben. Im Ansatz handelt es sich um die Wiederentdeckung historischer Ereignisse, die vom lähmenden Zugriff der sowjetischen Orthodoxie befreit wurden, doch werden diese Veranstaltungen auch von einem Staat ermutigt, der darauf versessen ist, sie für seine eigenen Zwecke einzusetzen. George Orwells Diktum, »Wer die Vergangenheit beherrscht, beherrscht die Zukunft«, mag womöglich übertrieben sein, doch der Kreml ist ganz gewiss darauf aus, genau dies zu versuchen.

In Wladimir Putins Weltsicht ist Russland bis heute von Feinden umstellt, wobei er China womöglich für ein neues Konstantinopel hält, gleichermaßen die Ursache von Ängsten, Neid und Gier wie auch andererseits ein verzweifelt gesuchter Bündnispartner gegen den seiner Einschätzung nach feindlich gesinnten, reglementierenden und degenerierten Westen sowie gegen einen ungestümen Islam im Süden. Immer wieder zieht er historische Vergleiche, so etwa im Jahr 2014, als er davor warnte, dass im Westen die »Politik der Eindämmung, die sowohl im 18. wie auch im 19. und 20. Jahrhundert betrieben wurde, bis heute weitergeführt wird«.

Der neue Standardsatz, wonach Russland zur Beute äußerer Mächte werde, sobald es durch interne Teilung geschwächt werde, bietet einer Regierung, die darauf aus ist, die innere Einheit zu fördern und jede Opposition als unpatriotisch zu brandmarken, offensichtliche Vorteile. Tatsächlich strebt Putin aktiv danach, die äußere Welt als eine zu porträtieren, die Separatisten, regierungskritische Aktivisten und andere politische Feinde unterstützt und unter deren Deckmantel selbst eingreift, um genau diese Form von Uneinheit und Verwundbarkeit herzustellen: Nur zu gern »hätten sie uns [...] nach dem jugoslawischen Szenario des Zerfalls und der Zerstückelung aufgelöst«.

So wird Geschichte zum Ratgeber für Geopolitik. Nur weil die Großfürsten von Kiew nicht auf die Unterstützung der anderen Fürsten rechnen konnten, war es den Petschenegen möglich, die Handelsrouten entlang des Dnjeprs zu überfallen. Nur wenn Kiew stark war, behandelten die Griechen es als ebenbürtig, und nur dann waren die Grenzen sicher. Die dynastischen Grabenkämpfe, die auf den

Tod Wladimirs des Großen folgten, erschütterten diese Einheit und erlaubten es den Warägern, Petschenegen und Polen, innerhalb der Politik der Rus eine Rolle zu spielen. Dies führte dazu, dass Kiew geplündert wurde und die Städte im Westen des Reichs an die Polen gingen. Im *Lied von der Heerfahrt Igors*, einem mittelalterlichen Epos, das den Feldzug Igors gegen die Nomaden im zwölften Jahrhundert beschreibt, empört sich der Erzähler über die beiden Gegner in einem zeitgenössischen Bürgerkrieg: »Nun lasst schon sinken eure Feldzeichen, steckt ein eure schartigen Schwerter! […] Denn ihr habt mit eurem Aufruhr begonnen, die Heiden gegen russisches Land zu führen. […] Durch Zwist nämlich geschah Gewalt vom kumanischen Lande.« Heute fordert Putins Propagandaapparat Dissidenten und Demonstranten ganz ähnlich dazu auf, ihren Groll gegen den Staat im Namen der russischen Einheit, und damit seiner Sicherheit, hintanzustellen.

Doch Putin folgt lediglich einer jahrhundertealten Tradition, in der die Welt als feindlicher Ort voller gefräßiger Raubtiere dargestellt wird, die nur darauf warten, über Russland herzufallen, sobald es nur seine Deckung vernachlässigt. Heute droht die Gefahr durch Teilung, doch sie könnte ihre Ursache ebenso gut in der Rückständigkeit haben. Russland musste – koste es, was es wolle – mit seinen Nachbarn mithalten, da es andernfalls »fortwährend geschlagen« würde, wie Stalin 1931 betonte und damit seine mörderischen Industrialisierungs- und Kollektivierungsmaßnahmen rechtfertigte, die im Namen dieser grausamen Auffassung von Geschichte Millionen das Leben kosteten:

> Es wurde geschlagen von den mongolischen Khans. Es wurde geschlagen von den türkischen Begs. Es wurde geschlagen von den schwedischen Feudalen. Es wurde geschlagen von den polnisch-litauischen Pans. Es wurde geschlagen von den englisch-französischen Kapitalisten. Es wurde geschlagen von den japanischen Baronen. Es wurde von allen geschlagen wegen seiner Rückständigkeit. Wegen seiner militärischen Rückständigkeit, seiner kulturellen Rückständigkeit, seiner staatlichen Rückständigkeit, seiner industriellen Rückständigkeit, seiner landwirtschaftlichen Rückständigkeit.

Wie wir sehen werden, lag es manchmal tatsächlich an der wirtschaftlichen oder politischen Schwäche, dass Russland im Verlauf seiner langen und blutigen Geschichte von ausländischen Mächten gedemütigt wurde. Oft jedoch lag es nicht daran – oder zumindest war dies nicht die ganze Wahrheit. Doch eine solche anstrengende Objektivität ist für diejenigen bedeutungslos, die große historische Erzählungen konstruieren und diese benutzen wollen, um die eigenen Pläne zur Staatenbildung von oft zügelloser Größe und Gewalt zu rechtfertigen.

Zu den Gründen, warum Russlands Geschichte gleichzeitig so täuschend gegenwärtig und bequem formbar ist, gehört womöglich die Leidenschaft, mit der sie über die Jahrhunderte umgeschrieben wurde. Bei der Erschaffung dieser Palimpsest-Identität werden neue Mythen über ältere gestülpt, während die Menschen in diesem Land versuchten, ihre fehlende Stärke und Identität dadurch auszugleichen, dass sie verbindende Mythen schufen, die Schicksal und

Zerbrechlichkeit in Stolz und Zielstrebigkeit übersetzten. So wurden sie zum Beispiel von den Rus nicht erobert, nein, sie haben ihre neuen Fürsten selbst eingeladen. Doch auch das war einer neuen Generation russischer Historiker im 18. Jahrhundert zu viel der Fremdbestimmung. Sie brandmarkten diesen Ansatz als »Normannentheorie« und behaupteten stattdessen, die Slawen hätten keine Waräger nötig gehabt. Stattdessen hätten sie ihren Staat selbst gegründet, und der Name Rus ließe sich auf den Namen eines alten, in der Gegend ansässigen Stammes zurückführen. Diese Theorie war zwar historisch gesehen fragwürdig, jedoch von nationalistischer Warte aus erfreulich und entwickelte sich für kurze Zeit zur neuen führenden Lehrmeinung, bis die lästigen Forderungen nach wissenschaftlicher Genauigkeit sie ins Reich des Wunschdenkens verwiesen. Im sowjetischen Zeitalter war die Vorstellung, das eigene Land könne germanische Wurzeln haben, untragbar, und so wurde die Ablehnung der »Normannentheorie« erneut für eine Weile bedeutsam und sogar zum Staatsdogma.

Genauso musste Wladimirs Eroberung von Chersonesos für die Annexion der Krim im Jahr 2014 herhalten, denn schließlich habe dieses Ereignis die Halbinsel zur Wiege der russischen Orthodoxie gemacht. Und während ihre Truppen sich seit 2014 im Donbass bekriegten, stritten sich die Historiker Moskaus und Kyjiws darüber, wer Wladimir den Großen für sich beanspruchen darf: Wenn er der Großfürst von Kiew war, heißt das, dass der spirituelle Ahne des modernen Russlands eigentlich Ukrainer ist, oder beweist seine Abstammung von den Rjurikiden, dass die Ukraine in Wahrheit nichts als ein unvollständig losgelöster Teil von Russland ist? Alte Geschichte, nationale Mythen und moderne Kriege liegen oft näher beisammen, als wir glauben mögen, und dies trifft nirgends mehr zu als auf die Länder der Rus.

Weiterführende Lektüre: Leider herrscht ein gewisser Mangel an lesbaren Studien über diese faszinierende Zeit. Simon Franklins und Jonathan Shepards *The Emergence of Rus 750–1200* (Longman 1996) ist bis heute einer der Grundlagentexte, wenngleich er nicht zu den leichtesten zählt. Dies gilt mehr noch für Pavel Dolukhanovs gelehrtes Buch *The Early Slavs: Eastern Europe from the Initial Settlement to the Kievan Rus* (Routledge 1996). Die erste Hälfte von Janet Martins meisterhafter Studie *Medieval Russia, 980–1584* (Cambridge 2007) bietet einen zugänglicheren Überblick. Vladimir Volkoffs *Vladimir the Russian Viking* (Overlook 2011) ist eine sehr lesbare Biografie über Wladimir den Großen, sollte jedoch ehrlicherweise nicht als grundsolide historische Erzählung behandelt werden. Schließlich will ich noch anmerken, dass David Nicolles kurzes Buch *Armies of Medieval Russia, 750–1250* (Osprey 1999) mehr zu bieten hat als die schönen Farbbilder von Angus McBride und eine brauchbare Zusammenfassung von Kriegen und Beutezügen ist.

2.

»Um unserer Sünden willen kamen unbekannte Volksstämme.«

CHRONIK

1223	Schlacht an der Kalka
1237–40	Mongolische Invasion der Rus
1240	Die Mongolen erobern Kiew
1267	Das mongolische Khanat Goldene Horde gewährt der russisch-orthodoxen Kirche Privilegien
1325	Iwan I. *Kalita* wird Fürst von Moskau
1340–60er	Die Pest wütet in Russland
1359	Dmitri I. *Donskoi* wird Großfürst von Moskau
1380	Schlacht auf dem Schnepfenfeld (Kulikowo Pole)
1382	Khan Toktamisch plündert Moskau
1462	Iwan III. der Große wird Großfürst von Moskau
1480	»Das Stehen an der Ugra«: Das Ende der mongolischen Herrschaft über die Rus

Flachrelief der Segnung des Großfürsten Dmitri durch Sergius von Radonesch, Donskoi-Kloster (1849)

Im Jahr 1380, so berichten die Chroniken, versammelten sich die Armeen der Fürstentümer der Rus unter Großfürst Dmitri von Moskau an einem Ort namens Kulikowo Pole (Schnepfenfeld). Dort standen sie den mächtigen Heerscharen der Goldenen Horde gegenüber, jenen mongolisch-tatarischen Besatzern, die die Rus seit ihrer brutalen Eroberung ein Jahrhundert zuvor beherrschten. Zwar waren die Rus in der Unterzahl, dennoch überlisteten und besiegten sie ihre mongolisch-tatarischen Feinde in einer Schlacht, deren ersten Schlag der Kampfmönch Pereswet führte. Damit warfen sie das »mongolische Joch« ab, das sie so sehr unterdrückt hatte. »Fürst Dmitri kam mit einem Sieg zurück, so groß wie jener Mose gegen Amalek. Und da war Frieden in dem russischen Land. Und seine Feinde wurden beschämt«, hieß es in einer Chronik. Das hier abgebildete Flachrelief, das früher in der großen Moskauer Christ-Erlöser-Kathedrale hing und, nachdem Stalin das Gebäude 1931 sprengen ließ, in das Donskoi-Kloster gebracht wurde, zeigt eine klassische Szene der Ereignisse. Umgeben von Rittern aus ganz Russland, kniet ein frommer Fürst Dmitri nieder, um sich von einem der Großen der russischen Orthodoxie, dem heiligen Sergius von Radonesch, segnen zu lassen. Hinter Sergius steht Pereswet, bereit, sich ganz in den Dienst des Fürsten zu stellen.

Bei der oben erwähnten Chronik handelt es sich um die *Erzählung vom Leben und Tod des Großfürsten Dmitri Iwanowitsch*, eine schwülstige, vor Übertreibungen triefende und faktenarme Lobschrift, die kurz nach seinem Tod im Jahr 1389 in Auftrag gegeben wurde. Sie war Bestandteil zweier miteinander verbundener Prozesse zur Mythenbildung, da sowohl Moskaus Herrscher als auch die Kirche versuchten, sich selbst ins Zentrum jener Wiederauferstehung Russlands zu rücken, die zu diesem Zeitpunkt noch längst nicht abgeschlossen war. Pereswet hat wahrscheinlich nie existiert. Dmitris Armee bestand ganz und gar nicht aus den Verbänden aller russischen Fürstentümer; einige beteiligten sich gar nicht erst, andere wie Rjasan schlossen sich lieber der gegnerischen Seite an.

Es stimmt, dass Dmitri die Schlacht tatsächlich gewann und sich dadurch den Beinamen *Donskoi* erwarb, nach dem Fluss, an dessen Ufern die Schlacht geschlagen wurde. Doch war dieser Sieg keineswegs so entscheidend, wie oft behauptet wird. Nur zwei Jahre später sollte eine Armee Moskau plündern und zerstören und Dmitri dazu zwingen, der Goldenen Horde erneut die Treue zu schwören. Noch ein ganzes Jahrhundert lang sollten die Russen ihr Tribut zahlen und Karawanen mit Silber nach Sarai, in die weit entfernte Hauptstadt des Khanats, schicken.

Doch für die meisten Russen war dies keine so große Sache. Tatsächlich hätte damals niemand den Begriff »mongolisches Joch« verstanden. Die Mongolen waren als Eroberer grausam, doch als Herrscher überraschend unparteiisch, und den meisten Russen war es gleich, ob das Silber nach Kiew oder nach Sarai geschafft wurde. Es geschah zwar erst später, dass diese Zeit zu einem entscheidenden Augenblick der russischen Geschichte erhoben wurde, doch kann die Macht dieses Mythos schwerlich überschätzt werden. Aus ihm speisen sich die moderne politische Kultur Russlands, seine Einstellung gegenüber China, und selbst die Klagen der Liberalen darüber, warum ihr Land nicht europäischer sei, haben hier ihren Ursprung. Vor allem aber entbehrt es nicht einer gewissen Ironie, dass es die Mongolen waren, die den Aufstieg eines vormals unbedeutenden kleinen Holzhüttendorfes in das Herz des werdenden Russlands ermöglichten: Moskau.

DIE DREI BRÜDER

Ein wiederkehrendes Thema der russischen Folklore ist jenes der drei Brüder. Es waren einmal Lech, Čech und Rus, die angeblichen Stammväter der drei slawischen Völker: Polen (Lechiten), Tschechen und Rus. In den meisten Sagen von den drei Brüdern ist der erste stark und gerecht, der zweite klug und abenteuerlustig und der dritte – der jüngste – entweder bis ins Mark verdorben oder aber ein heiliger Narr.

Nun gab es einmal drei Städte, und jede von ihnen stand in vielerlei Hinsicht für einen anderen Weg, den Russland hätte einschlagen können. Kiew war die größte und in vielerlei Hinsicht die traditionell-feudalste von ihnen. Ihre Macht leitete sie aus ihrem Stammbaum und dem verbreiteten Glauben ab, dass Kiew das Herz und die Seele Russlands sei. Oft wurde um sie gestritten, etwa wenn ein Fürst oder ein Geschlecht versuchte, seinen Anspruch auf die Krone geltend zu machen, doch teilten alle Thronanwärter im Wesentlichen dasselbe Weltbild. Ein Aspekt davon war ein andauernder Kampf zwischen den Fürsten, die für sich selbst größere Gebiete gewinnen wollten, und die Sitte der Apanage, wonach das Erbe unter allen Söhnen eines Herrn aufgeteilt und so der Besitz, der einst unter Mühen und oft blutig erworben worden war, immer weiter fragmentiert wurde. Kiew war eine Fürstenstadt, und all ihren Mönchschroniken von übertriebener Frömmigkeit und Demut zum Trotz gewann ihre Bojarenaristokratie deshalb an Einfluss, weil sie es verstand, die traditionellen Künste der Kriegsführung, der Täuschungen, des Allianzenschmiedens und der Tributeintreibungen mit dem nötigen Glück zu verbinden.

Nowgorod im Norden war eine Handelsstadt, deren Einfluss bis an die Ostsee mit ihren reichen und kosmopolitischen Häfen reichte. Hier war der Einfluss wohlhabender Magnaten und einer Frühform »oligarchischer Demokratie« weitaus größer als in Kiew. Die *Wetsche* oder Versammlung der freien Stadtbevölkerung besaß eine echte Stimme, und der jährlich neu gewählte *Posadnik* hatte oft mehr Macht als der Fürst. Bezeichnenderweise wurde die Stadt oft »Großmächtiger Herr Nowgorod« genannt, als hätte sie sich nur vor sich selbst zu verantworten, während der Fürst eher ihr

Angestellter ist. Der *Nowgoroder Chronik* zufolge entschied die Stadt etwa im Jahr 1136, Fürst Wsewolod auszustoßen, »und sie warfen ihm dies vor: I. Er steht den Bauern nicht bei. II. Warum wollte er in Perejaslaw regieren? III. Er floh und ließ [in einem der letzten Kriege] die Armee allein.« Für die Nowgoroder war ein Prinz Galionsfigur und Kriegsführer. Sobald er jedoch seine Bürger vernachlässigte, offensichtlich darauf versessen war, sich in einer anderen Stadt aufzuhalten, und außerdem nicht gewillt war, seine Streitkräfte in die Schlacht zu führen, hielt man ihn als für sein Amt ungeeignet, und er wurde vertrieben. Zwar mochten andere Fürsten sich als tauglicher erweisen, diese eigenwillige Stadt zu regieren, doch war Wsewolod weder der Erste noch der Letzte, der gewogen und für zu leicht befunden wurde. Im Jahr 1270 etwa fand sich ein gewisser Jaroslaw auf der anderen Seite der *Wetsche* wieder, »und die Männer von Nowgorod antworteten: ›Fürst, geh hinfort, wir wollen dich hier nicht. Oder aber wir werden kommen, alle aus Nowgorod, und dich vertreiben.‹« Er verließ die Stadt.

Nowgorod hatte also eine eigene Kultur. Das Christentum brauchte länger, um dort wirklich Fuß zu fassen – bis ins Jahr 1071 kam es zu heidnischen Aufständen –, und die Bojaren, die die Politik der Stadt bestimmten, waren gleichermaßen Großhändler wie Krieger. Aufgrund ihrer Märkte und Handelsstationen war die Stadt der zentrale Umschlagplatz für Silber aus der ganzen Rus, womit die Lebensmittel bezahlt wurden, die die Wolga hoch transportiert wurden. Als Marktplatz war Nowgorod fast genauso sehr eine nordeuropäische wie russische Stadt. Sie mischte sich in die baltische Politik ein, geriet mit den Schweden aneinander, wehrte die massiven Überfälle kämpfender christlicher Orden wie der Schwertbrüder und der Deutschritter ab, unterstützte seine Verbündeten in Livland und beteiligte sich an den geistigen Strömungen Nordeuropas. Kurz, Nowgorod war eine Kaufmannsstadt, und ihre Bojaren wurden durch Handel und Entdeckungen wohlhabend. Mit einer gesunden Portion Optimismus und in grober Vereinfachung könnte man in ihr eine sehr frühe, von Holzmauern umgebene und von Zwiebeltürmen dominierte Antwort auf die italienischen Stadtstaaten der Renaissance sehen.

Als Kiew und Nowgorod bereits in ihrer Blüte standen, war der jüngste der Brüder, Moskau, kaum mehr als eine Siedlung. Seine erste Erwähnung findet sich im Jahr 1147, als Juri Dolgoruki (»Langhand«), der wenig später Großfürst von Kiew werden sollte, dort eine Versammlung abhielt. Als jedoch die Mongolen kamen, wurde Kiew bald schon zerstört und Nowgorod gedemütigt. Moskau hingegen sollte aufblühen. Dies war die Stadt, die nicht nur zur Herrin der Rus aufsteigen sollte, sondern ihr gleichzeitig ihre eigene politische Kultur überstülpen sollte, eine Mischung aus russischer Tradition, mongolischer Sitte und Moskowiter Pragmatismus.

DIE ANKUNFT DER MONGOLEN

Nomaden und halb sesshafte Völker aus dem Süden und Osten hatten der Rus immer wieder Probleme bereitet. Mit dem jüdisch-türkischen Khanat der Chasaren in der Schwarzmeersteppe hatte sie im neunten Jahrhundert um die Kontrolle der Handelsrouten entlang der Wolga gerungen. Die Petschenegen aus Zentralasien waren im zehnten Jahrhundert eine Bedrohung, sahen sich jedoch von Festungen der Rus im Westen umzingelt und im Osten von neuen Herausforderern angegriffen. Zu ihnen gehörten insbesondere die Kumanen, die auch als Polowetzen bekannt waren und im elften und zwölften Jahrhundert ein ernstes Problem darstellten. Doch letztlich wurde keiner dieser Stämme zu einer existenziellen Bedrohung. Tatsächlich trieben sie, wenn sie die Rus nicht gerade angriffen, Handel mit ihr oder verdingten sich in mehr als einem ihrer dynastischen Scharmützel – falls die russischen Fürsten überhaupt gemeinsame Hobbys hatten, dann dieses – als Söldner.

Doch wenngleich es zu dieser Zeit noch niemand ahnte, stieg weit im Osten eine Macht auf, die Eurasien von Grund auf verändern sollte. Ende des zwölften Jahrhunderts schmiedete der mongolische Krieger Temudschin, der später als Dschingis Khan bekannt werden sollte, eine Allianz nomadischer Steppenvölker. Mit ihm begann ein Zeitalter der Eroberungen, wie es die Welt noch nicht gesehen hatte. Seine Nachfolger sahen sich als Empfänger eines göttlichen Auftrags, demzufolge sie ihre Herrschaft im Namen ihres schamanischen Hauptgottes Tengri (Blauer Himmel) auf die gesamte Erde auszuweiten hatten. Sesshafte Völker wurden erobert, andere nomadische Kräfte einverleibt oder vernichtet. China, Zentralasien, ein Großteil des Nahen Ostens, alles sollte dieser außerordentlichen Steppenarmee zum Opfer fallen – ihrer Brutalität, Schnelligkeit, aber auch ihrer Fähigkeit, Diplomatie, Desinformation und Verzweiflung so effektiv wie Bogen und Schwert einzusetzen.

Anfang des 13. Jahrhunderts befanden sich die Polowetzen, die zuvor die Petschenegen verdrängt hatten, in einer ähnlich unangenehmen Lage und sahen sich einer neueren, größeren, schärferen nomadischen Bedrohung aus dem Osten gegenüber. Der Polowetze Kotjan Khan entkam an den Hof seines Schwiegersohns, Fürst Mstislaw des Kühnen von Halytsch, mit einer verzweifelten Warnung: »Schreckliche Fremde haben unser Land erobert, und morgen wird das eurige genommen werden, wenn du nicht kommst und uns hilfst.« Als ihn weitere Berichte über eine mongolische Armee an den Ufern des Dnister erreichten, machte sich Mstislaw im Frühjahr 1224 auf den Weg, um den Eindringlingen entgegenzutreten. Die Russen und ihre kumanischen Verbündeten gerieten jedoch in eine Falle und wurden am Fluss Kalka vernichtend geschlagen.

Allerdings handelte es sich um kaum mehr als die Vorhut einer Eroberungsarmee, die von ihrem Feldherrn Dschötschi Khan, Dschingis Kahns ältestem Sohn, angeführt wurde, und so gelang es den Mongolen nicht, an diesen Sieg anzuknüpfen. Die Russen hatten keine Ahnung, wie groß und heftig die Bedrohung, der sie sich gegenübersahen, wirklich war, und die Mongolen – auch als Tataren bekannt – schienen sich ebenso mysteriös zu verhalten, wie sie mordlustig waren. In der *Nowgoroder Chronik* heißt es: »Um unserer Sünden willen [kamen] unbekannte Volksstämme, von denen niemand genau weiß, wer sie sind und woher sie kamen, wessen Sprache sie haben, welches Stammes sie sind und welchen Glauben sie haben [...] [Nur] jeder zehnte der übrigen Krieger kehrte in die Heimat zurück.« Als keine unmittelbare Invasion folgte, gelangten die Rus zu der Überzeugung, dass sie die Mongolen, wer auch immer sie waren, durch ihren beherzten Widerstand abgeschreckt hatten. Und so wurde eine krachende Niederlage in einen kühnen Akt des Widerstands umgemünzt.

Zumindest bis 1236, als Dschötschis Sohn Batu Khan seine Hauptstreitkräfte Richtung Westen führte. Nachdem er die letzten Polowetzen vernichtet hatte, wandte er sich gegen die Rus. In den darauffolgenden Jahren sollten sie von einem Sturm aus Feuer und Schwert heimgesucht werden. Eine Stadt nach der anderen wurde eingenommen. Eine uneinige und schlecht vorbereitete Rus konnte den Invasoren nichts entgegensetzen. Das stolze Kiew wehrte sich zwar, wurde aber mit derart mörderischer Brutalität geplündert, dass von seinen 50 000 Einwohnern nur 2000 überlebt haben sollen. Sechs Jahre später berichtete ein päpstlicher Abgesandter von Ruinen, die mit »zahllosen Schädeln und Knochen toter Männer« übersät waren. Das schlaue Nowgorod zog seine Lehren daraus und erkaufte sich sein Überleben mit Silber und Unterwerfung.

Es schien, als könne nichts den unerbittlichen Eroberungszug der Mongolen nach Westen aufhalten. Batus Armeen zogen weiter nach Ungarn und Polen, bis Politik und Wein erreichten, was bis dahin keiner Streitmacht gelungen war. Der Großkhan Ögedei, Batus Onkel und Nachfolger Dschingis Khans, hatte eine berüchtigte Vorliebe für Alkohol – als seine Höflinge versuchten, die Zahl an Bechern zu begrenzen, die ihm täglich serviert wurden, ließ er deren Fassungsvermögen einfach vergrößern – und starb im Jahr 1241 nach einem nächtlichen Besäufnis. Zwar triumphierte Batu weiterhin auf dem Schlachtfeld, doch stand ihm nun eine Reihe von Belagerungen bevor, bei denen die Kosten des Sieges womöglich den Wert der Plünderungen übertrafen. Zudem versank die sonst so schnelle mongolische Kavallerie bei ungewöhnlich warmem, feuchtem Wetter im Morast. Als Batu schließlich von Ögedeis Tod hörte, machte er sich, womöglich mit einer gewissen Erleichterung, auf den Weg zurück in die mongolische Hauptstadt Karakorum, um an der Versammlung teilzunehmen, auf der ein neuer Großkhan erwählt werden sollte.

Die mongolischen Armeen zogen sich aus Mitteleuropa zurück – allein die Rus blieb als Teilgebiet der Goldenen Horde, wie die nordwestlichen Teile des mongolischen Großreichs hießen, unter ihrer Kontrolle. Gängigen russischen Erzählungen zufolge standen dem Land mehr als zwei Jahrhunderte asiatischen Despotismus bevor, in denen die Russen unter dem »mongolischen Joch« ächzten und vom Rest Europas abgeschnitten wurden. Aber natürlich ist die Wahrheit um einiges komplexer.

DAS MONGOLISCHE JOCH?

Den Mongolen ging es eher um das Erobern als das Verwalten. Die Goldene Horde, die zunehmend autonomer agierte, da das mongolische Reich einfach zu groß war, um als Einheit regiert zu werden, errichtete mit Sarai ihre eigene Hauptstadt südöstlich der Rus, nahe der Mündung der unteren Wolga in das Kaspische Meer. Die Mongolen interessierten sich nicht dafür, den von ihnen beherrschten Völkern den eigenen Glauben aufzudrängen (zu Beginn des 13. Jahrhunderts wurde unter ihnen der Islam die vorherrschende Religion). Stattdessen erwarteten sie Ordnung und Tribut, Unterwerfung und Gehorsam, und um dies zu erreichen, waren sie froh, sich auf untergebene Fürsten verlassen zu können, die ihnen genau dies bieten konnten. Zunächst ernannten sie ihre eigenen lokalen Gouverneure, *Basaks*, doch diese wurden schon bald wieder zurückgezogen, da sich die russischen Fürsten gewillt zeigten, an ihrer statt für die Goldene Horde zu arbeiten.

Die meisten von ihnen waren es bereits gewohnt, im besten Fall wie Hechte im Karpfenteich zu agieren, die einander Loyalität und Steuern schuldeten. In vielerlei Hinsicht war es für sie kein großer Unterschied, wer an der Spitze der Nahrungskette stand. Und so unternahmen sie die Reise nach Sarai in der Hoffnung, das *Jarlyk* oder Mandat zu erhalten, in ihren Fürstentümern im Namen des Khans zu herrschen. Hin und wieder kam es vor, dass eine Stadt rebellierte oder sich weigerte, mongolischen Würdenträgern den nötigen Respekt zu erweisen, worauf diese mit blutigen Vergeltungsmaßnahmen antworteten. Öfter jedoch versuchten rivalisierende Fürsten, sich für ihre privaten Fehden und dynastischen Streitigkeiten die Unterstützung Sarais zu sichern.

Insgesamt war dies eine Zeit der religiösen Toleranz (im Jahr 1267 nahm der Großkhan die russisch-orthodoxe Kirche ausdrücklich unter seinen Schutz und befreite sie von Steuerzahlungen und Militärdienst) und des aufblühenden Handels. Für die Stadt Moskau und die dort residierende Dynastie der Rjurikiden war dies eine einmalige Gelegenheit. Während der ursprünglichen Invasion war Moskau wie so viele andere Städte geplündert und niedergebrannt worden, doch sobald es sich erholte, verstanden seine Fürsten die neuen Spielregeln schneller und wirksamer als andere. Sie sollten zu den eifrigsten, effektivsten und rücksichtslosesten Verbündeten der Goldenen Horde werden. Egal ob es um Steuererhöhungen oder die Bestrafung von Rebellen ging, die Moskowiter Fürsten taten, was Sarai benötigte – und stellten sicher, dass sie davon nicht zu wenig profitierten.

Der Rjurikide Alexander Newski (reg. 1236–1263), der vor der Invasion der Mongolen Fürst von Nowgorod war und den nordwestlichen Teil der Rus vor dem Deutschritterorden bewahrt hatte (katholischen Kreuzrittern, die in russisch-orthodoxen Christen Heiden sahen, nicht besser als Muslime), hatte sich von Anfang an für eine Beschwichtigung der Goldenen Horde ausgesprochen. Im Gegenzug wurde ihm das *Jarlyk* eines Großfürsten von Wladimir-Susdal verliehen, das Kiew als erstes unter den russischen Fürstentümern abgelöst hatte. Die Rjurikiden versuchten in der Folge mit beachtlichem Erfolg, diesen Titel und das Ansehen und die ihm innewohnenden Möglichkeiten zur Bereicherung in der Familie zu halten. Weil Moskau aber noch immer die unbedeutendste Stadt in Newskis Reich war, ging sie nach seinem Tod an seinen jüngsten Sohn, den zweijährigen Daniel.

Newskis Nachfolger Juri (reg. 1303–25) verbrachte zwei Jahre in Sarai, wo er sich einschmeichelte, Politik in eigener Sache betrieb und Kontschaka heiratete, die Schwester Usbeks, des Khans der Goldenen Horde. Nicht zuletzt dank dieser Allianz wurde er auch zum Großfürsten von Wladimir-Susdal gemacht. Wie auch immer, Moskau war noch in einen Kampf mit Rjasan und vor allem Twer um die Oberherrschaft über die russischen Fürstentümer verwickelt. Als Juri starb, schlug sein Bruder, der neue Fürst Iwan I. (reg. 1325–41), zwei Fliegen mit einer Klappe, als er sich bereit erklärte, die Niederschlagung eines Aufstands im benachbarten Twer anzuführen. Er erhielt nicht nur die Gelegenheit, eine mongolische Armee gegen seinen Rivalen anzuführen, ihm wurde zudem der übliche Preis gewährt: die Ernennung zum Großfürsten.

Aufgrund des Reichtums, den er anhäufte, machte er sich als Iwan *Kalita*, Geldbeutel, einen Namen. Geld und Macht neigen dazu, sich immer weiter zu vermehren, und Iwan verwendete es, um mit der Ausweitung des Moskauer Herrschaftsgebiets zu beginnen. Einige kleinere Fürstentümer wie Belosersk und Uglitsch kaufte er mehr oder weniger, andere wie Rostow und Jaroslawl brachte er durch Heirat unter die Kontrolle der Dynastie. Was sich die Rjurikiden einmal unter den Nagel gerissen hatten, behielten sie. Iwan führte die Praxis der Erstgeburt ein: Statt das Erbe wie bisher auf eine Vielzahl an Apanagen aufzuteilen, ging von nun an der gesamte Besitz an den ältesten Sohn. So konnten die Familiengeschäfte zusammengehalten werden und aufblühen.

Iwans Nachfolger Simeon der Stolze (reg. 1341–53) begann sich für das Fürstentum Nowgorod zu interessieren und bemächtigte sich dessen florierender Stadt Torschok. Iwan II. (reg. 1353–59) war weniger erfolgreich, nicht zuletzt, weil die Rus in seiner Regierungszeit vom Schwarzen Tod heimgesucht wurde, der womöglich ein Viertel der Bevölkerung das Leben kostete. Gemessen an den skrupellos-opportunistischen Normen der Rjurikiden wurde er als schwach und passiv wahrgenommen. Sein Sohn Dmitri (reg. 1359–89) hingegen war wagemutig und einfallsreich und ließ sich auf ein Unternehmen ein, das genauso gut in einer Katastrophe hätte enden können, sich jedoch als die wahre Ursache für die Moskowiter Dominanz über die gesamte Rus herausstellen sollte.

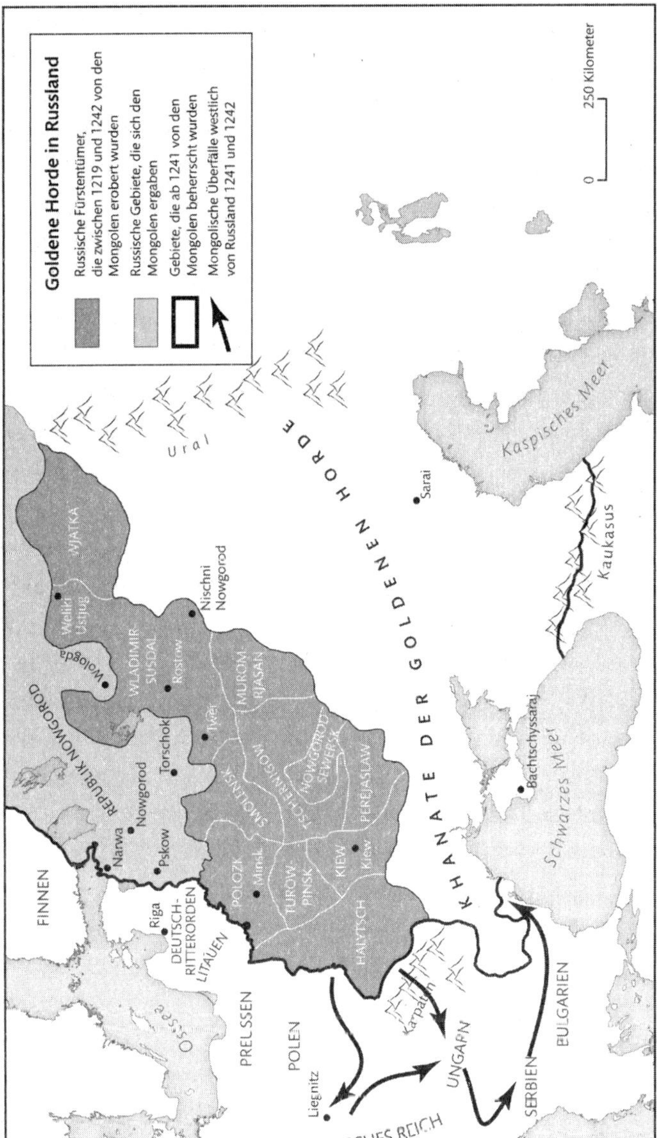

Goldene Horde in Russland
Russische Fürstentümer, die zwischen 1219 und 1242 von den Mongolen erobert wurden
Russische Gebiete, die sich den Mongolen ergaben
Gebiete, die ab 1241 von den Mongolen beherrscht wurden
Mongolische Überfälle westlich von Russland 1241 und 1242
0
250 Kilometer
KHANATE DER GOLDENEN HORDE
Ural
Sarai
Kaspisches Meer
Kaukasus
Schwarzes Meer
Bachtschyssaraj
WJATKA
Weliki Ustjug
Wologda
WLADIMIR-SUSDAL
Rostow
Nischni Nowgorod
MUROM-RJASAN
Twer
Torschok
REPUBLIK NOWGOROD
Nowgorod
Narwa
Pskow
SMOLENSK
TSCHERNIGOW
NOWGOROD SEWERSK
PEREJASLAW
POLOZK
Minsk
TUROW-PINSK
KIEW
Kiew
HALYTSCH
FINNEN
Riga
DEUTSCH-RITTERORDEN
LITAUEN
Ostsee
PREUSSEN
POLEN
Liegnitz
Karpaten
UNGARN
SERBIEN
BULGARIEN
HEILIGES RÖMISCHES REICH

DMITRI UND KULIKOWO POLE

Fürst Dmitris strategische Lage unterschied sich gewaltig von jener seiner Vorgänger. Der Stern der Goldenen Horde begann zu sinken. Ihre Kampfkraft hatte nachgelassen, ihre Führungsschichten bekämpften sich gegenseitig, und der gewinnbringende Handel entlang der Eurasien umspannenden Großen Seidenstraße erlahmte. Gleichzeitig schien Moskau den Gipfel der eigenen Macht bereits erreicht zu haben, und besorgniserregende Anzeichen des eigenen Niedergangs sollten nicht auf sich warten lassen. Die Stadt war mittlerweile mit Kathedralen übersät und von Festungen umgeben. Im Jahr 1325 hatte der Metropolit Pjotr, Oberhaupt der russisch-orthodoxen Kirche, seinen Amtssitz nach Moskau verlegt, womit er die Stadt, und nicht Kiew oder Wladimir, symbolisch zur geistigen Hauptstadt aller Länder der Rus machte.

Allerdings nicht zu ihrer politischen Hauptstadt. Nowgorod wies Moskaus Hegemoniebestrebungen zunehmend zurück. Rjasan und Twer verhielten sich unmissverständlich feindlich. Im Nordwesten wuchs das Großfürstentum Litauen zu einem aufstrebenden Herausforderer heran. Und Moskaus enge Verbindungen zur Goldenen Horde, einst eine Quelle für Wohlstand und Sicherheit, erwiesen sich nunmehr als weniger nützlich, um nicht zu sagen als echtes Problem. Dies hieß, dass die Stadt größere Gefahr lief, in die inneren Machtkämpfe Sarais hineingezogen werden. In den 1360ern und 1370ern war die Hauptstadt der Horde größtenteils von Emir Mamai von den Dschötschiden beherrscht, dem Führer eines Teils der Goldenen Horde, dessen Intrigen ihn letztlich selbst zu Fall brachten. Er versuchte, Moskau und Twer gegeneinander auszuspielen, indem er zunächst Dmitri das *Jarlyk* des Großfürsten von Wladimir versprach, es dann aber Prinz Michail von Twer gewährte, nachdem Dmitri sich geweigert hatte, den vollen von Mamai geforderten Tribut zu bezahlen. Im Grunde genommen benötigte Mamai mehr und mehr Silber, um seine eigenen politischen Intrigen in Sarai zu befördern, und stellte deshalb von vornherein unrealistische Forderungen. Schließlich nahm Dmitri die Sache selbst in die Hand, belagerte Twer und zwang Michail, ihm Wladimir zu übereignen. Dies war ein entscheidender Augenblick: Russische Fürsten bestimmten selbst über das Schicksal dieser Stadt, statt weiter Sarais Entscheidung abzuwarten.

Zu diesem Zeitpunkt war Fürst Dmitri kein nationalistischer Rebell. Er versuchte nicht, das entstehende Russland aus dem Herrschaftsbereich Sarais loszulösen. Er hatte nur die Gelegenheit genutzt, gewisse Modalitäten zu Moskaus Vorteil neu zu verhandeln. Allerdings sah sich Mamai mit einem neuen und Furcht einflößenden Herausforderer namens Toktamisch konfrontiert. Anders als Toktamisch war Mamai eher Verschwörer als General. Er brauchte Armeen und Verbündete – beides würde er einem widerspenstigen Russland abpressen müssen –, und er musste sich als entschlossener Kriegsherr beweisen. Zu diesem Zweck stellte er im Jahr 1380 noch höhere Tributforderungen als üblich. Da er voraussah, dass Dmitri darauf entweder nicht eingehen wollte oder konnte, stellte er eine mächtige Armee gegen Moskau auf, um sich seinen Tribut mit Gewalt zu erstreiten und nebenbei sein kriegerisches Können unter Beweis zu stellen.

Dmitri hatte keinen Krieg gewollt – sein erster Impuls

war es gewesen, das Geld zusammenzukratzen –, doch als er von Mamais Invasion Wind bekam, beschloss er, aus der Not eine Tugend zu machen. Wenn er schon kämpfen musste, würde er diesen Krieg in einen Aufstand gegen die Goldene Horde verwandeln und diesen dazu nutzen, Moskaus Vorherrschaft über die Rus zu festigen und sein eigenes Ansehen aufzupolieren, indem er die Stadt zu einem Vorreiter der russischen Unabhängigkeit machte.

»Graue Wölfe kommen von den Mündungen des Don und Dnjepr herbei«, heißt es im Epos über die Schlacht am Don, dem *Sadonstschina*, »und heulen und wollen in das russische Land einfallen. Es waren dies aber keine grauen Wölfe, sondern die unreinen Tataren sind gekommen, um das ganze russische Land mit Krieg zu überziehen.« Mamai hatte eine Streitmacht von vielleicht 50 000 Soldaten zusammengestellt: Mongolen-Tataren, armenische Hilfstruppen, Genueser Söldner aus ihren Handelsstationen auf der Krim. Auch 5000 Litauer wollten sich unter ihrem Großfürsten Jogaila anschließen, ebenso – wenn auch widerstrebend – 1000 Mann unter Fürst Oleg von Rjasan, dessen Stadt im Südosten der Rus zu nah an Sarai lag, um Widerstand zu riskieren. Dmitri gelang es, eine etwa 30 000 Mann starke Streitmacht zu versammeln, deren Kämpfer zur Hälfte aus Moskau und aus den von Moskau unterworfenen Städten stammten. Zum Teil spiegelt dieses Ungleichgewicht den weitverbreiteten Verdacht der anderen Fürsten wider, Moskau hege ehrgeizigere Pläne. Nowgorod, Twer und sogar Fürst Dmitri Konstantinowitsch, Dmitris Schwiegervater aus Susdal, hielten sich zurück.

Die beiden Armeen trafen auf dem Schnepfenfeld, Kulikowo Pole, aufeinander. Mamai konnte es nicht erwarten, sich den Sieg zu sichern, noch bevor der Wintereinbruch die Kampfsaison beendete. Dmitri wiederum drängte darauf, den Gegner in die Schlacht zu ziehen, bevor dieser die Verstärkung durch die Kontingente aus Rjasan und Litauen erhalten konnte. Es kam zu einem brutalen, blutigen Kampf – »das Gras war mit Blut bedeckt, und die Bäume neigten sich vor Trauer bis zur Erde« –, doch mit Entschlossenheit und List trugen schließlich die Russen den Sieg davon. Nach der elften Stunde griff Dmitri aus dem Hinterhalt an, durchbrach Mamais Flanke und schlug seine Männer in die Flucht. Dmitri verlor vielleicht ein Drittel seiner Armee, gewann aber Wagenladungen voller Beutegut und, noch wichtiger, den Ruf als erster russischer Held, der die unüberwindliche Goldene Horde besiegen konnte.

An diesem Punkt klaffen Mythos und Wirklichkeit am weitesten auseinander. Zweifellos war Dmitri ein Triumph auf dem Schlachtfeld gelungen, doch folgte darauf noch lange kein politischer Wendepunkt. Mamai sollte auf der Krim sein Ende finden, ermordet von den Genuesern, deren Söldner er in den Tod schickte, um sich genügend Zeit für seine Flucht zu verschaffen. Toktamisch hingegen festigte seine Macht, kehrte mit einer neuen Armee zurück, ließ Moskau niederbrennen und zwang Dmitri *Donskoi*, vor ihm niederzuknien. Die Russen sollten noch lange die Vasallen der mongolisch-tatarischen Khane bleiben, bis 1480, als Großfürst Iwan III. (reg. 1462–1505), ein Urenkel Dmitris, diesen beim Großen Stehen an der Ugra entschieden entgegentrat. In dem Jahrhundert, das zwischen diesen beiden Ereignissen lag, begann Moskau langsam wieder das zu betreiben, was einmal die »Sammlung der russischen Erde« genannt werden sollte: ein Expansionsprozess, der in Etappen und nicht ohne Rückschläge den Zugriff auf die verschiedenen Fürstentümer sicherte. Nichtsdestotrotz reisten Fürsten auch weiter nach Sarai, um sich in ihren Stellungen bestätigen zu lassen, und auch die dynastischen Auseinandersetzungen sowie die Kämpfe unter den Städten gingen unvermindert weiter.

DAS ENDE DER FREMDHERRSCHAFT

So weit die Realität. Der damals verbreitete und in den darauffolgenden Jahrhunderten eifrig weitergesponnene Mythos sprach von einem eindeutigen und dramatischen Sieg, der nicht nur Moskaus Ansehen als führendes Fürstentum der Russen bestärkte, sondern dessen Stellung als von Gott verliehen erscheinen ließ. Schließlich hatte doch Dmitri *Donskoi* die Kirche gefördert und zudem darauf geachtet, dass ausländische Händler ihn auf dem Kulikowo Pole besuchten, damit sie die Nachricht seines Sieges weitertragen konnten. Zwar standen seine Nachfolger vor ernsthaften Herausforderungen, doch gewiss konnte er den von ihm gefürchteten drohenden Niedergang Moskaus abwenden. Heute ist Kulikowo Pole eine Pilgerstätte des russischen Nationalismus, und 1988 wurde Dmitri von der russisch-orthodoxen Kirche heiliggesprochen. Im Jahr 2010 sagte der Patriarch Kirill, die »Schlacht hat jedem bewiesen, dass Russland einer mächtigen Spule gleicht, die hervorspringt, jeden Gegner zurückschlägt und immer weiter gewinnt«.

Allgemeiner jedoch wurde die Zeit des sogenannten Mongolenjochs zum zentralen Faktor des russischen Selbstverständnisses – das es mit vielen Außenstehenden teilt. Die gängige Meinung lautet, dass die mongolische Herrschaft Russland aus jenem Europa ausgeschlossen habe, das in diesem Augenblick die Renaissance und die Frühphase der Reformation durchlebte. Statt die kulturellen, gesellschaftlichen, wirtschaftlichen und religiösen Veränderungen in diesen Jahrhunderten selbst zu erfassen, fanden sich die armen Russen in einem von Karl Marx fantasiereich als »blutiger Sumpf der mongolischen Sklaverei« bezeichneten Ort wieder. In dieser Zeit verinnerlichten sie jene skrupellosen »asiatischen« Herrschaftsformen, in denen von oben die absolute Macht mit absoluter Brutalität ausgeübt und von unten absolute Unterwerfung verlangt wurde. Moskau, als die Stadt, die am engsten mit der Goldenen Horde verbunden war, übernahm diese politische Kultur mit größter Begeisterung, und als es die Länder der Rus sammelte, machte es aus ihnen ein Abbild seiner selbst.

Vielleicht. Ein Fünkchen Wahrheit ist hierin zu finden, doch nur eine zur Karikatur degradierte Teilwahrheit. Zunächst einmal verschloss die mongolische Invasion Russland nicht hinter einem »verfilzten Jurtenvorhang«. Händler und Gesandte, Vertriebene und Missionare konnten weiterhin hin und her. Nowgorod behielt weiterhin sein Standbein an der Ostsee, und die Moskowiter Fürsten knüpften dynastische Bande sowohl mit Konstantinopel als auch Litauen. Will man tatsächlich von Isolation sprechen, dann waren die Schwierigkeiten, ohne geeignete Flussrouten durch die Wälder von Ost nach West zu kommen, und die relative Armut Russlands wahrscheinlich genauso plausible Erklärungen. Und überhaupt: Hätte es in Russland tatsächlich eine Renaissance gegeben, wenn Russland der mongolischen

Invasion entkommen wäre? Die Ausbreitung dieser Bewegung von ihren Epizentren in italienischen und holländischen Städten war weitgehend das Ergebnis verbesserter Bodenerträge, was wiederum eine aufstrebende Kaufmannsklasse und Stadtbevölkerung zur Folge hatte. Die mongolische Invasion war zweifelsfrei ein Rückschlag für die russische Verstädterung und das an die Städte gebundene Handwerk. Auch die zusätzliche Last der Tribute beschränkte die Ausbreitung von Handel und Landwirtschaft. Und dennoch ist eine Renaissance inmitten der tiefen russischen Wälder nur schwer vorstellbar.

Einige Historiker haben auch behauptet, die Russen hätten schließlich ganz allgemein mongolische Herrschaftsformen übernommen. Zum Teil schließen sie dies aus den zahlreichen ins Russische übertragenen Lehnwörtern, die mit Regierungsgeschäften zu tun haben, von *Jarlyk* (heute das russische Wort für Etikett) bis *Djengi* (Geld). Allerdings ist der Absolutismus kaum eine asiatische Erfindung, und die Bezeichnung Zar oder Kaiser, die die Moskauer Fürsten zu gegebener Zeit annehmen würden, hat ihre Wurzel im lateinischen *caesar* und wurde ursprünglich den byzantinischen Herrschern verliehen.

Die Fundamente der autoritären Herrschaft in Russland könnten genauso gut im nach Konstantinopel blickenden Kiew wie im Sarai verpflichteten Moskau gefunden werden. Wenn es auch außer Frage steht, dass die Goldene Horde auf Moskau einen größeren Einfluss hatte, nicht zuletzt, weil viele seiner Fürsten ganze Jahre bei ihren mongolischen Herren verbrachten, so handelt es sich doch um einen praktischen Mythos für alle, die das »Joch« für eine angebliche Neigung der Russen zum Despotismus verantwortlich machen. Die Russen erhielten von den Mongolen ein bequemes Alibi. Und ausländischen Kritikern stand damals wie heute die perfekte Ausrede zur Verfügung, um die Russen auf Distanz zu halten und sie in einer Form des *Othering* nicht als Osteuropäer, sondern als Westasiaten oder bestenfalls als eine missratene Hybridform zu begreifen. »Kratze einen Russen, und es kommt ein Tatar zum Vorschein«, hieß es in einer französischen Sentenz des 19. Jahrhunderts.

Die Herrschaft der Goldenen Horde über die Russen war viel mehr an Bedingungen geknüpft als allgemein angenommen wird und hing oft von der Unterstützung der einheimischen Fürsten ab. Genauso oft nahmen die Fürsten Sarai zum Vorwand, um ihre eigenen Pläne zu verfolgen und die eigenen Interessen voranzubringen. Von den Verwüstungen während der ursprünglichen Invasion abgesehen – zugegeben muss man hierfür von vielem absehen –, scheinen die Wurzeln des russischen Absolutismus in den objektiven Bedingungen der Zeit und der Region zu finden zu sein. Ein armes Land, in dem die Fürsten ihre Städte und Bauern hart anfassen mussten, um so hohe Steuern wie möglich aus ihnen herauszupressen. Ein Land, in dem sich – abseits des *Yams*, des bewundernswert schnellen Postsystems der Mongolen – Neuigkeiten und Befehle nur langsam verbreiteten. Die hierin gründende Neigung zur Eigenständigkeit verlangte besonders harte abschreckende Maßnahmen vonseiten der Oberherren – seien sie Mongolen oder Russen. Wie zuvor Konstantinopel, vermachte die Goldene Horde den Russen zwar einige Praktiken und Sprachwendungen der Macht, eine weitere Schicht auf dem Palimpsest. Doch Russland war immer noch ein eigenständiges Land, und Iwan III. – Iwan der Große – und seine Nachfolger hatten bald schon die Gelegenheit zu zeigen, was für ein Land dies sein sollte.

Weiterführende Lektüre: Janet Martins *Medieval Russia 980–1584* (Cambridge 2007) ist immer noch die beste Gesamtdarstellung dieser Ära, wenngleich der erste Teil von Robert O. Crummeys *The Formation of Muscovy, 1304–1613* (Longman 1987) durchaus beachtenswert ist. Charles Halperins *Russia and the Golden Horde: The Mongol Impact on Medieval Russian History* (John Wiley, 1985) und Donald Ostrowskis *Muscovy and the Mongols: Cross-cultural Influences on the Steppe Frontier, 1304–1589* (Cambridge 1998) sind die wissenschaftlichen Klassiker auf diesem Gebiet. *Kunde von den Mongolen* (Edition Erdmann 2015) ist eine Übersetzung von Giovanni Piano Carpinis Bericht über seine Reisen bis Karakorum im 13. Jahrhundert. Allen, die mehr über Kulikowo Pole und alles, was wir darüber wissen und nicht wissen, erfahren möchten, empfehle ich mein Buch *Kulikowo 1380: The battle that made Russia* (Osprey 2019).

3.

»Autokratie von Gottes Gnaden«

CHRONIK

1462	Iwan III. (der Große) wird Großfürst von Moskau
1480	Das große Stehen an der Ugra: Das Vasallentum unter der Goldenen Horde endet
1497	Verabschiedung des *Sudebnik*, einer Gesetzessammlung
1533	Iwan IV. (der Schreckliche) wird im Alter von drei Jahren zum Großfürsten gekrönt
1547	Iwan IV. wird zum Zaren gekrönt
1549	Erster *Semski Sobor*
1550	Neuer *Sudebnik*, Aufstellung der *Strelizen*
1551–53	Eroberung des Khanats Kasan
1565–72	*Opritschnina*
1584	Tod Iwans IV.
1598–1613	*Smuta*, Zeit der Wirren
1613	Michail Romanow wird zum neuen Zaren gewählt

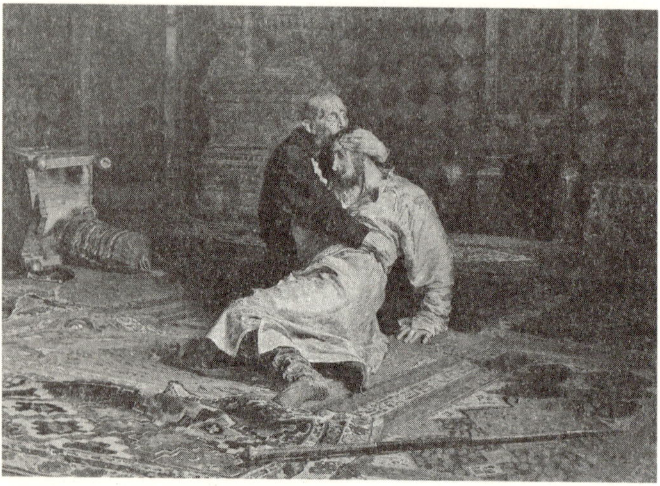

Ausschnitt aus Ilja Repins *Iwan der Schreckliche und sein Sohn Iwan am Freitag, den 16. November 1581* (1885)

Es ist immer schwer, sich von peinlichen Eltern frei zu machen – man frage irgendeinen Teenager. Für Russland jedoch ist es beschämend, zuzugeben und doch unmöglich zu übersehen, dass so vieles von dem, was es heute ausmacht – seien es die Institutionen des Staates oder seine Ausdehnung nach Süden und Osten –, auf die Herrschaftszeit Iwans IV., genannt der Schreckliche, zurückgeführt werden kann. Sicher wäre Iwan das Grauen die bessere Übersetzung des russischen *Iwan Grosny*, oder vielleicht sogar Iwan der Fantastische, selbst wenn man ihn dann womöglich mit einem kalifornischen Surfer verwechseln würde. Egal, welche Maßstäbe man anlegt: Er war eine außergewöhnliche Gestalt, die das Fundament des modernen russischen Staates legte, einen Staat im Staate schuf, im eigenen Volk Schrecken verbreitete und sogar um die Hand von Königin Elisabeth I. von England anhielt (ein durchaus widerstehliches Angebot).

Ilja Repins erschütterndes Historiengemälde hält den Augenblick fest, in dem Iwan seinem Sohn in einem Tobsuchtsanfall gegen den Kopf schlägt und ihn dadurch tötet. Der grüblerische Herr aller Reußen, reduziert auf sprachlosen Horror. Seine weit aufgerissenen Augen evozieren die Zyklen aus Paranoia und Reue, aus denen er sich in seinen späteren Jahren nicht mehr zu befreien weiß. Dieser Tod ist weit mehr als eine persönliche Tragödie. Er machte den zerbrechlichen und zurückgezogenen Fjodor zu Iwans einzigem Erben und löste damit eine Reihe von Ereignissen aus, die Russland in einen Strudel aus Rebellion, Invasion, Putsch und Chaos stürzen sollten.

Aus dieser »Zeit der Wirren« ging schließlich die neue Romanow-Dynastie hervor, die bis 1917 über Russland herrschen sollte. Doch während viele Geschichtswerke über Russland dies als den entscheidenden Wendepunkt ansehen, fand der tatsächliche Übergang von einem postmongolischen Russland, das aus einer fragilen Vereinigung von Fürstentümern bestand, zum Moskowiter Staat früher statt. Iwan III. hatte den Anfang gemacht, doch es war sein Enkel Iwan IV. (reg. 1533–84), der die Zukunft Russlands formte, zunächst als Staatenbauer, dann als Zerstörer desselben.

DAS SAMMELN DER RUSSISCHEN ERDE

Jeder steht auf den Schultern eines anderen, und Iwan konnte nur deshalb der Fantastische sein, weil seine Vorgänger schlau, skrupellos und fokussiert vorgingen. Frühere Großfürsten wie Iwan I. Kalita begannen mit dem »Sammeln der russischen Erde« zugunsten Moskaus, und Dmitri *Donskoi* tat viel dafür, den Herrschaftsanspruch der Dynastie zu behaupten. Sein Sohn Iwan III. verdiente sich den Zusatz »der Große« nicht zuletzt wegen der massiven Ausweitung des Moskauer Machtbereichs. Beherzt und unnachgiebig vereinte er die russischen Länder durch Eroberungen, Diplomatie und Bestechung. Nowgorods Widerstand wurde endlich gebrochen, und 1478 musste es sich dem alten Rivalen ergeben und mehr als drei Viertel seiner Gebiete abtreten. Im Jahr 1480 traten Iwans Streitkräfte der Großen Horde am Ugra entgegen und beendeten schließlich die Mär einer Unterwerfung unter die Mongolen-Tataren. Im Westen stritt er mit den Schweden und eroberte mehrere Städte der Litauer.

Mindestens genauso wichtig waren die weltanschaulichen und machtpolitischen Veränderungen, die Iwan III. in der Heimat vorantrieb. Im Jahr 1453 ging Konstantinopel endgültig an das Osmanische Reich. Was Moskau bisher nur behauptet hatte, das »Dritte Rom«, die letzte Bastion der wahren, orthodoxen Christenheit zu sein, wurde nun feste Überzeugung. Iwan, dessen zweite Frau die byzantinische Prinzessin Sofia Palaiologa war, begründete hierauf den Anspruch, auch der politische Erbe des Oströmischen Reichs zu sein. Er, der noch nie von Selbstzweifeln und Demut geplagt war, regierte zunehmend autokratischer. Er übernahm Konstantinopels doppelköpfigen Adler als Moskowiter Wappen, und auch das byzantinische Hofzeremoniell hielt Einzug im Kreml. Trotz mehrerer Angebote aus Rom schob Iwan jeglicher Form der Annäherung einen Riegel vor, und die orthodoxe Kirche blühte auf. Klöster und Kathedralen schossen im ganzen Land wie Pilze aus dem Boden. Mit ihnen entstand eine neue Form des Konservatismus. Zuvor hatte es seltene Beispiele von Frauen gegeben, die wichtige Ämter innehatten – das kosmopolitische Nowgorod hatte sogar eine Bürgermeisterin, Marfa Borezkaja –, doch im 16. Jahrhundert verbannten Bojaren ihre Schwestern, Frauen und Töchter in die Einsamkeit des *Terem*, ein abgetrennter Wohnraum, in dem sie von der Öffentlichkeit abgeschottet lebten und keine Gelegenheit bekamen, ohne Aufsicht mit Männern zu kommunizieren.

Iwan gab sein Geld mit vollen Händen aus, um Moskau, damals bereits doppelt so groß wie Prag oder Florenz, zu einem würdigen Nachfolger Zargrads auszubauen. Er lud italienische Architekten ein, die den Befestigungskomplex des Kremls erweiterten und mit den Abgaben, die nun von den neuen Untertanen in die Stadt flossen, Türme und Kathedralen errichteten. Ein neuer Symbolismus spiegelte die Veränderungen im wahren Machtgefüge wider. Traditionell erwartete man vom Großfürsten, dass er die Bojaren, die Großherren des Landes, mit großem Getöse zu Beratungen hinzuzog, doch Iwan begann, sie einfach nur wie Untertanen zu behandeln. Zwar sollte erst sein Enkel Iwan IV. auch formell den Titel eines Zaren – Kaisers – annehmen, doch schon zu dieser Zeit schlich sich der Begriff in den Sprachgebrauch ein.

Im Jahr 1497 erhielten die verschiedenen Gebiete des Moskauer Staats mit dem *Sudebnik* oder Gesetzbuch ihre erste einheitliche Rechtsordnung. Seine Botschaft war wenig subtil und zeigte unzweifelhaft in eine Richtung: eine zunehmend festere Kontrolle des Großfürsten über alle, von den lokalen Beamten, die von nun an weniger Freiheiten genossen, bis hin zu den Bauern, denen es ab sofort nur noch im November, in den Wochen vor und nach dem russischen Georgitag (nicht zu verwechseln mit dem um Ostern liegenden Georgstag der Westkirche), erlaubt war, in ein anderes Dorf zu ziehen.

Als er die Länder Nowgorods einnahm, ergriff Iwan die Gelegenheit, eine völlig neue Klasse von landbesitzenden Soldaten zu schaffen, die *Pomeschtschiks*, denen er als Gegenleistung für ihre Militärdienste kleine Ländereien schenkte, von deren Erträgen sie leben konnten. Dies wurde tatsächlich das Modell für die gesamte herrschende Elite, die in ein komplexes Hierarchiesystem eingebunden wurde, das *Mestnitschestwo* hieß (es gibt hierfür keine richtige Übersetzung, tatsächlich bedeutet das Wort »Platzismus«) und den Rang eines Adligen mit dessen Diensten für den Großfürsten verknüpfte. Das Chaos aus getrennten und oft miteinander konkurrierenden Adelsfamilien wurde – theoretisch – in einer einzigen Dienstaristokratie aufgelöst. Selbst die Fürsten der von Moskau abhängigen Städte wurden nicht länger als solche anerkannt, und es war nicht mehr an ihnen, ihre Herrschaftsgebiete an ihre Erben zu vermachen. Die Autokratie war in Russland eingekehrt, und alle jene ungelegenen Traditionen lokaler Selbstverwaltung und fürstlicher Unabhängigkeit gehörten der Vergangenheit an.

AUFSTIEG DES ZAREN

Wassili III. (reg. 1505–33) festigte die Erfolge seines Vaters Iwan III., starb dann jedoch unerwartet und ließ einen Sohn und Erben Iwan zurück, der im zarten und verletzlichen Alter von drei Jahren zum Großfürsten ernannt wurde. Der Tod des Vaters war nur das erste prägende Ereignis in einer Reihe von Traumata, die das Kind und den späteren Mann formten und womöglich pervertierten, der Russlands erster Zar werden sollte. Seine Mutter Jelena Glinskaja regierte zunächst in seinem Namen, doch starb sie fünf Jahre später an einer Vergiftung, so die allgemeine Vermutung. Von nun an hatten es die großen Bojarenfamilien der Schuiskis, Belskis und Glinskis auf die Regentschaft abgesehen. Sie stritten und befehdeten sich, während der vernachlässigte kleine Fürst nach eigenem Bericht den ihm zustehenden Palast durchstreifte und sich gezwungen sah, die Küche nach Essensresten abzusuchen.

In späteren Briefen – deren Echtheit berechtigterweise hinterfragt worden ist – lästerte er gegen die Art und Weise, wie er und sein Bruder Juri (der taub und deshalb für den Thron ungeeignet war) behandelt wurden, »wie Vagabunden und Kinder der Ärmsten«. Er wuchs in einer schwierigen, sogar gefährlichen Umgebung auf, was gewiss dazu beitrug, dass Iwan ein Leben lang auf der Suche nach sicheren Rückzugsräumen war – seien es physikalische, politische oder moralische. Ebenso hatte er sein ganzes Leben lang damit zu kämpfen, überhaupt so etwas wie Gelassenheit zu spüren. Auf der anderen Seite glich seine Umgebung einem Treibhaus, in dem der junge Fürst die brutale Kunst der Moskowiter Politik schnell und gut erlernte. Im Jahr 1541 überfiel das im Süden gelegene Khanat von Kasan mit Unterstützung osmanischer Truppen den Moskauer Staat. Der damals elfjährige Großfürst spielte zwar beim darauffolgenden russischen Sieg keine bedeutende Rolle, doch benutzten ihn seine Regenten als Galionsfigur und tatsächlich als Maskottchen, wodurch auch ihm einige der Meriten für den Erfolg zuteilwurden. In einer Zeit, in der Omen als reale Zeichen der Gunst Gottes (oder seines Zorns) interpretiert wurden, waren solche symbolischen Triumphe durchaus wichtig.

Am Hof fand Iwan langsam zu sich selbst. Die Schuiskis waren zur alles dominierenden Familie aufgestiegen und versuchten, den jungen Fürsten ins Abseits zu stellen, indem sie seinen Umgang mit zweifelhaften Gesellen förderten, die darauf versessen waren, ihn mit Gelagen, Jagdausflügen und gewalttätigen aristokratischen Unternehmungen aller Art zu zerstreuen. Er nahm daran zwar teil, verlor dabei jedoch nicht aus den Augen, was die arroganten und korrupten Schuiskis währenddessen in seinem Namen alles anstellten. Im Dezember 1543 befahl der gerade einmal 13-jährige Iwan die Verhaftung von Fürst Andrei Schuiski und ließ ihn von seinen Hundehütern zu Tode prügeln. Mit dieser drastischen Machtdemonstration gab der legitime Großfürst seine Entschlossenheit zu herrschen kund. In den kommenden Jahren pflegten Iwan und die Bojaren eine schwierige, oft bittere Beziehung. Er benötigte sie, damit sie für ihn sein Land regierten, doch er misstraute ihnen, und seine erratischen Entscheidungen, die zwischen Denunziationen und Beschwichtigungen, Verhaftung und Vergebung hin und her pendelten, spiegelten ihr angespanntes Verhältnis wider. Er brauchte neue Herrschaftsgrundlagen, um sie besser kontrollieren und sich – Iwans ewige Sehnsucht – die nötige Sicherheit garantieren zu können. Er fand eine mögliche Antwort, indem er die Reformen seines Großvaters noch einen folgenschweren Schritt weiter vorantrieb.

Im Jahr 1547 wurde der Großfürst zum Zaren aller Russen gekrönt, eine symbolische Überhöhung, die durch die Mütze des Monomach, die Iwan bei der Zeremonie trug, verstärkt wurde. Diese Krone hatte angeblich der byzantinische Kaiser Konstantin IX. Monomachos seinem Enkel Wladimir Monomach, dem Gründer Wladimirs, hinterlassen. Doch selbstverständlich haben wir es hier mit einem weiteren Mythos zu tun: Konstantin und Wladimir waren Herrscher aus dem 11. Jahrhundert, und die Krone war erst im 13. Jahrhundert geschmiedet worden. Doch wie immer rücken Tatsachen in die zweite Reihe, wenn es darum geht, Narrative von Macht und Autorität zu ersinnen. Großfürsten waren, ihrem ganzen Wohlstand und ihrer Macht zum Trotz, Erste unter Gleichen, und die lange Tradition des Egalitarismus war auch über das Zeitalter der *Wetsche* hinaus lebendig geblieben. Jetzt aber sollte der Herrscher über Russland nicht mehr nur bloßer Fürst oder König sein, sondern Kaiser mit göttlichem Mandat: Er war sowohl Verteidiger des wahren orthodoxen Glaubens als auch Fürsprecher des russischen Volkes vor Gott. Heide oder Bojar, Soldat oder Priester, sie alle sollten Untertanen einer einzigen Obrigkeit sein, die durch die Versprechen des Himmels und die Androhung der Hölle gestützt wurde.

EINEN STAAT BAUEN

Doch weder verließ sich Iwan ausschließlich auf Schrecken, Insignien und einen neuen Titel, noch sah er notwendigerweise in der Macht einen Zweck an sich. Dieser gewalttätige und unberechenbare Mensch war aufrichtig fromm und nahm seine neue Rolle nicht auf die leichte Schulter. In den Jahren des Interregnums und der Machtkämpfe unter den Bojaren war Moskaus Einfluss auf das Land kleiner geworden, und aufgrund schlechter Regierungsarbeit war es zu lokalen Aufständen gekommen. Vom Adel über die Händler und Handwerker in den Städten bis hin zu den einfachen Bauern schien das Gefühl vorzuherrschen, dass Reformen und Ordnung notwendig waren und jene zur Norm gewordene Form kannibalistischer Rivalität und Ausbeutung ein Ende haben musste.

Iwan stieß eine Reihe von Reformen an, die Russland neue Gestalt verleihen sollten. Rücksichtslos, aber erfolgreich bündelte er jene Entwicklungen, die unter seinen Vorgängern ihren Anfang genommen hatten. Unter seiner Führung wurden die Grundlagen der russischen Staatsbürokratie geschaffen. Die Gesetze wurden weiter kodifiziert (also in Gesetzbüchern zusammengefasst) und die Beziehungen zwischen Kirche und Krone definiert. 1549 wandte sich Iwan an eine Versammlung von Adligen und den Heiligen Rat der Kirche. Er prangerte die Bojaren an, doch um der Versöhnung willen versicherte er ihnen, dass er sie nicht für vergangene Untaten bestrafen werde. Die Drohung, was er mit ihnen anstellen würde, sollten sie ihn in Zukunft erneut herausfordern, hing allerdings wie ein Damoklesschwert über ihnen. Er gab den Beginn eines weitreichenden Reformprogramms bekannt, das den Staat stärken und regulieren sollte. Gleich am nächsten Tag schränkte er die Befugnisse der *Namestniks* ein, jener Regionalgouverneure, die in den Jahren seiner Kindheit zu wahren Tyrannen geworden waren. Im darauffolgenden Jahr wurde eine Neubearbeitung des Gesetzbuches herausgebracht, die eine strengere Kontrolle von Beamten durch eine königliche Kanzlei vorsah. Dies bedeutete die Schaffung eines zentralen Beamtenapparats buchstäblich aus dem Nichts. Hier finden sich die Wurzeln des modernen russischen Staats: Iwans Amt gegen das Räuberunwesen etwa war der Vorläufer des modernen Innenministeriums, während das heutige russische Außenministerium Iwan Wiskowati, den Kanzler Iwans und Gründungsleiter des Botschafterbüros, als ersten Außenminister des Landes bezeichnet.

Auch die Kirche entging Iwans reformatorischem Eifer nicht. 1551 trafen sich religiöse Führer des ganzen Landes auf der heute als Hundertkapitelsynode bekannten Versammlung. Entsprechend seiner erweiterten politischen Agenda und seinem neuen Status als von Gott bestimmter Herrscher setzte Iwan eine Liste von Fragen auf die Tagesordnung, etwa wie man gegen Amtsmissbrauch durch den Klerus vorgehen könnte. Das Ergebnis war ein Dokument, das der russisch-orthodoxen Kirche neue Einheit verschaffte, das sie jedoch mit einem noch stärkeren Bekenntnis zur Institution des Zaren bezahlen musste.

Ohne Zweifel konnte Iwan mit seinen Reformen das Land modernisieren. Die Bojaren sahen sich zunehmend gezwungen, direkt in den Staatsdienst einzutreten, und wurden von einer neuen Generation von Ministern und *Pomeschtschiks* herausgefordert. Der alte Brauch, wonach sich Beamte durch *Kormlenie* – »Unterhalt« oder die Praxis, von ihren Untergebenen nach Belieben Zahlungen zu erpressen – schadlos hielten, wurde verboten und durch Gehälter oder noch öfter durch eine Erweiterung des *Pomestje*-Systems – der Schenkung von Ländereien gegen Dienste – ersetzt. Stück für Stück wurde ein widerspenstiger und hochmütiger Adel dazu gezwungen, sich in einen vom Staat abhängigen Dienstadel zu verwandeln.

Auf Grundlage früherer Bemühungen Iwans III. schuf Iwan IV. eine neue Form der Monarchie, die ihre Legitimität aus Vererbung und göttlichem Recht, ihre Macht jedoch aus seiner Fähigkeit ableitete, unterschiedliche Stände der Gesellschaft zu repräsentieren und deren Interessen auszugleichen. Ob Bojaren, *Pomeschtschiks*, die Kirche, Stadtbewohner oder Bauern, alle wurden von der *Semski Sobor* vertreten, der russischen Ständeversammlung, die zumindest unter Iwan kaum mehr als ein Scheinparlament blieb. Zugleich war er ehrgeizig und tatkräftig, begierig, die Früchte seiner Anstrengungen zu Sicherung und Ausweitung der Landesgrenzen zu nutzen. Die Tragik lag darin, dass es gerade seine diesbezüglichen Erfolge waren, die Russland vor seiner Haustür neue Bedrohungen bescherten.

EIN IMPERIUM ENTSTEHT

Zu Iwans Vision eines stärkeren Staats gehörte, die bisherige Feudalarmee, in die das Gefolge des Adels eingezogen wurde und die somit von dessen Loyalität und Effizienz abhängig war, in eine monarchische Armee zu verwandeln. Zu diesem Zweck etablierte Iwan im Jahr 1550 die Strelizen (wörtlich »Schützen«), eine an die Krone gebundene Truppe. Während der Adel noch auf Pferden kämpfte, waren die Strelizen Infanteristen, die mit Hakenbüchsen, also frühen Handfeuerwaffen, und der traditionellen russischen Streitaxt *Berdysch* ausgestattet waren. Wichtiger war noch, dass sie weder Wehrpflichtige noch in ihre Rolle hineingeborene

Aristokraten waren, sondern ursprünglich Freiwillige aus den Städten und vom Land. Zu gegebener Zeit sollte der Dienst bei den Strelizen ein erbliches und lebenslanges Recht werden. Ihr Sold wurde durch kleine Landschenkungen aufgebessert, und sie erhielten das Recht, Handel zu betreiben und einem Handwerk nachzugehen, solange keine Manöver und Feldzüge anstanden.

Einerseits waren Truppen, die den Kreml bewachten, Moskau kontrollierten und unabhängig von den Bojaren agierten, ein Ausdruck von Iwans fortwährendem Bedürfnis nach Sicherheit. Doch gleichzeitig erhöhten sie die militärischen Möglichkeiten Russlands beträchtlich und ermöglichten sowohl die geplante wie ungeplante Ausdehnung des Landes. Der erste Feldzug, in dem die Strelizen zum Einsatz kamen, war die erfolgreiche Eroberung des Khanats Kasan im Jahr 1552. Iwan hatte nicht vergessen, dass das Khanat in seiner Kindheit versucht hatte, Moskau einzunehmen, und er war entschlossen, dieser anhaltenden Bedrohung ein für alle Mal ein Ende zu bereiten. Als bei Swijaschsk an der Wolga in lediglich vier Wochen eine Festung errichtet wurde, kamen Russlands langjährige Erfahrungen in der Holzverarbeitung zum Tragen. Die benötigten Bauteile waren flussaufwärts in Uglitsch hergestellt worden und wurden anschließend verschifft. Im Sommer darauf startete Iwan seine Offensive. Er schickte eine Armee los, um Kasan einzukreisen, mit 150 Kanonen zu bombardieren und anschließend zu stürmen. Die Stadtchronik (eine womöglich fragwürdige Quelle) berichtete von 110 000 Toten und der Befreiung von mehr als 60 000 russischen Sklaven.

Der Süden war bald in Iwans Hand. Schließlich annektierte er 1556 auch das Khanat Astrachan, konnte jedoch die wahre Bedeutung dieser Expansion vermutlich nicht vollständig erfassen. Zunächst markierte sie den Anfang der Umgestaltung Russlands, einer im Grunde homogenen Nation, die aus einer einzigen Ethnizität bestand und in der alle ein und denselben Glauben teilten. Als das Reich expandierte, begann es, neue Völker, Kulturen und Religionen aufzunehmen, so etwa die muslimischen Turkvölker aus den Khanaten. Russland geriet auch in direkte Konflikte mit dem Osmanischen Reich, das in den Regionen zwischen Schwarzem und Kaspischem Meer eigene imperiale Ambitionen hegte. 1569, im ersten von mehreren über ein Jahrhundert immer wieder aufflammenden russisch-türkischen Kriegen, unternahmen die Osmanen einen erfolglosen Angriff auf Astrachan. Da sie glaubten, einer unmittelbaren russischen Bedrohung ausgesetzt zu sein, und unter dem Schutz der Osmanen standen, startete das letzte verbliebene Khanat, das der Krim, einen Angriff, der seine Truppen bis vor die Tore Moskaus brachte. Kurz, Iwan hatte sich erhofft, einer Bedrohung Herr zu werden – und schuf sich neue Feinde.

Genauso stritt Russland im Westen mit Schweden, Litauen, Polen und Dänemark um den Zugang zur Ostsee mit ihren einträglichen Handelsrouten. Der Livländische Krieg von 1558–83, genau genommen eine lückenhafte Abfolge von Feldzügen und Auseinandersetzungen zwischen Russland und einem oder mehreren seiner westlichen Gegner, endete mit einem Waffenstillstand, einer unsicheren Pattsituation. Russland hatte keinen echten Sieg errungen, ganz im Gegenteil hatte es Tausende von Männern, ungezählte Kunstschätze und kleinere Abschnitte seines Territoriums verloren. Doch vor allem bedeutete der Aufstieg des russischen Staats und die Tatsache, dass er ernsthafte militärische Abenteuer in Nordeuropa überhaupt ins Auge fassen konnte, dass einige der europäischen Großmächte der Zeit dieses bislang eher ignorierte rückständige Gebilde von nun an als gewichtigen Akteur und damit als ernsthafte Bedrohung wahrzunehmen begannen. Iwan hatte damit begonnen, ein Großreich zu errichten – und schuf sich neue Bedrohungen.

Vor allem aber expandierte Russland zu dieser Zeit in Richtung Osten, hinein in die Wälder und Steppen, auf die das Khanat Sibir bescheidene Ansprüche erhob, die Moskau jedoch glaubte ausbeuten zu müssen. Im Wesentlichen wurden damit ehrgeizige Abenteurer beauftragt, insbesondere die wohlhabende Familie der Stroganow, die eine Reihe von Expeditionen finanzierten. In dem Bestreben, »weiches Gold« – Pelze – zu erbeuten sowie den Handel zu besteuern und zu kontrollieren, beschlagnahmte man Land und errichtete erste Festungen. So ähnlich wie bei der europäischen Eroberung der Neuen Welt schritten Herrschaftsanspruch, Geschäfte, Ausbeutung und Besteuerung gemeinsam voran. Auf die Abenteurer folgten die Bürokraten, auf die ursprüngliche Notwendigkeit, Steuererhebungen tatsächlich durchzusetzen, folgte die Notwendigkeit, die Expansionsgebiete auch zu verwalten. Zunächst jedoch war dies eine offene Grenze, die jede erdenkliche Form von Abtrünnigen und Flüchtlingen, Söldnern und Entdeckern, Privatiers und Profiteuren anzog. Im folgenden Jahrhundert sollte Russland jedes Jahr im Schnitt um 35 000 Quadratkilometer größer werden. Das entspricht in etwa der Größe Belgiens oder Baden-Württembergs. Iwan hatte gehofft, etwas Gewinn zu machen – und gründete eher zufällig ein Weltreich.

TERROR UND PARANOIA

Personalisierte Herrschaftstraditionen passten nicht so recht zu den neuen, europäischeren Kriegs- und Regierungsstilen, und Iwan sollte in einen selbstzerstörerischen Geisteszustand geraten, der zu jenem Interregnum aus Bürgerkrieg und Invasion führte, das man heute »Zeit der Wirren« nennt. Aus welchen Gründen auch immer – seine traumatische Kindheit, die Schmerzen, die von Knochenkrankheiten verursacht wurden und ihn langsam lähmten, klinische Paranoia –, sein Sicherheitsbedürfnis nahm zunehmend erratische und destruktive Formen an.

Als im Jahr 1560 seine erste Frau Anastasia Romanowna starb, wurde ihm auch ihr besänftigender Einfluss genommen. Jerome Horsey, ein Händler der englischen Muscovy Company, hatte beobachtet, dass sie »mit bewundernswerter Freundlichkeit und Weisheit« über ihn herrschte. Iwan scheint geglaubt zu haben, dass sie wie seine Mutter vergiftet worden war. Gleichzeitig verlief der Livländische Krieg schlecht, die Widerstände gegen seine Reformen gingen weiter, und 1564 setzte sich einer seiner engsten Berater, Fürst Andrei Kurbski, nach Litauen ab. Das in der Kindheit des Zaren begründete tiefe Misstrauen gegenüber dem Adel wuchs.

Also verließ Iwan die Festungsstadt Alexandrowa Sloboda und verkündete in der Tat seine Abdankung. Er warf den Bojaren »verräterische Taten« sowie Korruption vor und der Kirche, deren Sünden zu decken. Damit stellte er die Eliten vor gewaltige Probleme. Sie hatten keinen anderen Herrscher, der Iwan hätte ersetzen können, und sahen sich nun mit dem Ärger der Moskowiter konfrontiert. Da sie eine ausländische Invasion, Lynchmorde zu Hause und bürgerkriegsähnliche Zustände fürchteten, gaben sie auf und baten Iwan, zurückzukehren. Er zeigte sich einverstanden – verlangte jedoch das uneingeschränkte Recht, jeden zu bestrafen, den er für einen »Verräter« hielt. Damit erbat er sich im Grunde genommen die absolute Macht – und erhielt sie auch.

Doch Iwan verließ sich nicht allein auf die Versprechen der Bojaren. Er verfügte die Gründung eines Staats im Staat, der *Opritschnina* (»Ausnahme«) genannt wurde. Dieses zum Großteil aus Gebieten der ehemaligen Nowgoroder Republik im Norden bestehende Areal machte er zu seinem persönlichen Territorium. Den Rest Russlands, die *Semstschina* (»das Land«), überließ er der Verwaltung des Rats der Bojaren. Innerhalb seines neuen Hoheitsgebiets schuf Iwan eine Streitmacht, deren Mitglieder *Opritschniks* genannt wurden und die er zu seiner Leibgarde und seinen Gesetzeshütern machte. Zugleich wurden die *Opritschniks* in die *Semstschina* geschickt, wo sie ganze Adelshäuser eliminierten, die Iwans Ärger erregt hatten. Außerdem wurden sie von der Leine gelassen, um 1570 Nowgorod in einer einen Monat dauernden Orgie aus Massakern und Vergewaltigungen heimzusuchen.

Die *Opritschniks* trugen schwarze Mönchskutten (Kurbski nannte sie »Kinder der Dunkelheit«). Ihre Symbole waren Hundeköpfe und Besen, mit denen sie zu verstehen gaben, dass sie die Hunde des Zaren waren und seine Feinde hinwegfegen würden. Sie waren so skrupellos und ausbeuterisch, wie es eine Privatarmee nur sein kann. Mit der Zeit konnte selbst der Zar sie kaum noch kontrollieren. Sie plünderten und brandschatzten voller Eifer und kamen ungestraft davon. Bauern flohen aus den Gebieten, die sie kontrollierten oder angriffen, was Lebensmittelknappheiten und eine Handelskrise zur Folge hatte. Der Zar selbst fühlte sich schließlich wie ein Gefangener ebenjener Truppe, die ihn eigentlich endlich hätte schützen sollen.

Als Moskau 1572 beinahe von den Streitkräften des Khanats Krim eingenommen worden wäre, traten die Risiken einer Zweiteilung des Landes nur allzu deutlich hervor. Iwan, der zuvor bereits befürchtet hatte, dass die *Opritschniks* nicht mehr zu kontrollieren waren, löste die *Opritschnina* so schnell auf, wie er sie gegründet hatte, und kehrte nach Moskau zurück. Hoffnungen, dass das alte Gleichgewicht zwischen dem Zaren und den Bojaren wiederhergestellt werden könnte, zerschlugen sich jedoch rasch. Iwan verließ sich weiter eher auf persönliche Vertraute als auf den Adel, witterte überall Verschwörung und Verrat und unterband sie wie immer äußerst blutig. Seine Opfer wurden gehängt oder enthauptet, in Stücke gehackt oder in Bärenfelle eingenäht, um anschließend von Hunden zerfleischt zu werden. Und trotzdem glaubte sich Iwan weiterhin von Verschwörern umgeben.

Iwans Regentschaft endete mit einer Zeit der Krisen und des Chaos. Weil er seinen eigenen Generälen so sehr misstraute, ließ er in den letzten Jahren des Livländischen Krieges jeden von ihnen durch seine Repräsentanten beschatten, als seien diese entfernte Vorboten sowjetischer Politoffiziere. Verdächtigungen und Verzweiflung entzweiten die Aristokratie. Die Wirtschaft ächzte unter Krieg, Besteuerung, Banditentum und Entvölkerung. Fruchtbares Land wurde nicht mehr bestellt, weil es an Bauern fehlte. Sie waren verhungert oder in Richtung Süden und Osten, außerhalb der Reichweite Moskaus, geflohen. Der Bedarf an Bauern war so groß, dass einzelne Gutsherren sie von den Ländereien der jeweils anderen entführten. Indessen galt seit dem Tod des Prinzen Iwan durch die Hand seines Vaters im Jahr 1581 der jüngere, kirchenfromme Prinz Fjodor als Erbe – ein Mann, dem offensichtlich alles fehlte, was nötig gewesen wäre, um dieses Land wieder zu einen –, nach Iwan dem Schrecklichen würde Russland Fjodor den Glöckner bekommen.

Dieser Zustand konnte nicht länger andauern. Der venezianische Diplomat Ambrogio Contarini war von den Märkten begeistert gewesen, die während der langen, rauen Winter auf der zugefrorenen Moskwa aufgebaut wurden. Er war vor allem vom Anblick des geschlachteten Viehs ergriffen, das für Wochen und Monate tiefgefroren an den Ständen lagerte. »Es ist seltsam«, schrieb er, »so viele abgehäutete Kühe aufrecht auf ihren Füßen stehend zu sehen.« Im Jahr 1584 erschien das System, dessen Errichtung durch Iwan III. und Iwan IV. Zeit und Blut gekostet hatte, wie eine dieser Kühe: tot, abgehäutet, noch stehend, weil tiefgefroren, und doch Fleisch, das bereit war für das Hackbeil.

DIE ZEIT DER WIRREN UND DER AUFSTIEG DER ROMANOWS

1584 starb Iwan inmitten einer Schachpartie, niedergestreckt von einem Schlaganfall. Der fromme, naive Fjodor (reg. 1584–98) wurde ordnungsgemäß gekrönt, doch die tatsächliche Macht lag in den Händen der Familien Romanow und Godunow, wobei sich vor allem Fjodors Schwager Boris Godunow hervortat. Wieder einmal wurde der Hof zu einem

Schlachtfeld rivalisierender Clans. Godunow eliminierte die konkurrierende Belski-Familie im Jahr 1584, die Schuiskis und Nagois folgten 1587. Zur selben Zeit beschäftigte sich Zar Fjodor mit Kirchenbesuchen im ganzen Land und der Organisation von Glockengeläut.

Das Land taumelte von einer Krise in die nächste. 1590 fing Godunow einen Krieg gegen Schweden an, von dem er sich schnelle Gewinne versprach. Fünf Jahre später erhielt Russland im Friedensvertrag von Teusina im Vergleich zum betriebenen Aufwand herzlich wenig. Bauern versuchten weiterhin, dem Land zu entfliehen, und der landwirtschaftliche Kollaps führte in einen Teufelskreis aus Raub und Knappheit. Als Fjodor 1598 kinderlos starb, war es mit der Dynastie der Rjurikiden zu Ende. Godunow ergriff die Gelegenheit, und sein Verbündeter, der Patriarch Hiob, schlug ihn der *Semski Sobor* als Nachfolger Fjodors vor. Sei es aus Angst oder ehrlicher Überzeugung, die Ständeversammlung nahm den Vorschlag einstimmig an.

Godunow (reg. 1598–1605) wurde zum neuen Zaren gekrönt. Der ehemalige *Opritschnik* war schlau und ehrgeizig, skrupellos und tüchtig. Doch war er nicht von Gott, sondern von Menschen erhöht worden, und verglichen mit diesem Nachteil schienen alle seine Qualitäten von geringem Wert zu sein. Die Hungersnot, die in seine Regierungszeit fiel und als Zeichen göttlicher Abneigung gedeutet wurde, sowie ein damit zusammenhängender Bauernaufstand waren auch nicht sehr hilfreich. Im Jahr 1604 führte ein Thronanwärter, der behauptete, Fjodors Halbbruder Dmitri zu sein – der tatsächlich bereits 1591 gestorben war –, einen von Polen unterstützten Versuch an, die Krone an sich zu reißen. Russen, die sich von dem Gedanken berauschen ließen, dass die Dynastie der Rjurikiden womöglich doch überlebt haben könnte, schlossen sich in Scharen seinen Reihen an. »Fake news« hatten also bereits im 16. Jahrhundert die Macht, Regierungen zu destabilisieren.

Als Godunow 1605 starb, regierte sein sechzehnjähriger Sohn Fjodor II. gerade einmal zwei Monate, bis er ermordet wurde. Schließlich waren ohne göttliches Recht die Ansprüche des einen Kandidaten so gut wie die des anderen. Die folgenden acht Jahre bildeten den Höhepunkt der Zeit der Wirren. Der falsche Dmitri wurde als Zar begrüßt und dann selbst bald getötet. Es gab Coups und Intrigen, Rebellionen und Aufstände, einen weiteren falschen Dmitri und einen Einmarsch der Polen.

Letzten Endes war hier der Höhepunkt dreier langfristiger Entwicklungen erreicht. Zum Ersten befand sich Russland in einer dynastischen Krise: Nachdem der Begriff eines heiligen Zaren eingeführt worden war, der durch ein göttliches Mandat legitimiert wurde, hatte das System keinen Platz für dynastische Unterbrechungen, insbesondere da eine eigensinnige und ehrgeizige Aristokratie dadurch in ihrem Kampf gegen die aufkeimende zentralisierte Autokratie ermutigt wurde. Es brauchte die Zeit der Wirren, um ihren Willen zu brechen. Zum Zweiten handelte es sich um eine sozioökonomische Krise, da angestammte Bojaren gegen den Dienstadel in Stellung gingen und die Landflucht der Bauern beide Gruppen schwächte. Es brauchte die Zeit der Wirren, um das Regime zu zwingen, diese Herausforderungen direkt anzugehen und tatsächlich beide Gruppen zu Dienern des Staates zu machen. Schließlich handelte es sich um eine geopolitische Krise. Als Russland größer wurde, sah es sich neuen und gewaltigen Bedrohungen ausgesetzt:

Die Zeit der Wirren
Innere Konflikte
Russische Grenze 1598
Angriff des »falschen Dmitri« 1604-1605
Gebiet der Aufstände der Wolga- (nichtslawischen) Völker 1606-1608
Gebiet des Bolotnikow-Aufstands
Bolotnikows Feldzug 1606-7
Angriffe von innen
Polnische Belagerung von Smolensk 1609-11
Angriffe der Schweden auf Nowgorod 1610
Polnischer Feldzug gegen Moskau 1610-13
Russischer Gegenangriff 1612
Von Polen besetzte Gebiete 1612-13
Von Schweden besetzte Gebiete 1613
Schweden nach dem Frieden von Stolbowo zugesprochen
Wladislaws Feldzug gegen Moskau 1618
Polen nach dem Frieden von Deulino zugesprochen
Russische Grenze 1618
SCHWEDEN
Weißes Meer
Ladogasee
Onegasee
Finnischer Meerbusen
Kexholm
Stolbowo
Belosersk
ESTLAND
Narva
INGRIA
Peipussee
Nowgorod
Ilmensee
Pskow
Uglitsch
Kostroma
Wolga
Rschew
Twer
Tuschino
Düna
Moskau
LITAUEN
Kaluga
Smolensk
Rjasan
Tula
Oka
Murom
Nischni Nowgorod
Kasan
RUSSLAND
Samara
POLEN
Orjol
Don
Kursk
Woronesch
Saratow
Tschernigow
Kiew
Belgorod
Der Kosak Iwan Bolotnikow führt eine Bauernrevolte gegen Moskau
Dnjepr
Dnister
Zarizyn
Khanat
OSMANISCHES REICH
Asow
Astrachan
Schwarzes Meer
Asowsches Meer
der Krim
0
200 Kilometer
Bachtschyssaraj
Kaspisches Meer

Krimtataren und Osmanen im Süden, vor allem aber Polen und Schweden im Westen. Es brauchte die Zeit der Wirren, um Russland zu jenem modernen, Steuern erhebenden und Armeen schaffenden Apparat umzubauen, der zeitgleich in ganz Europa entstand.

KRATZE EINEN RUSSEN, UND DU FINDEST EINEN ... BYZANTINER?

Es gibt eine rege wissenschaftliche Debatte darüber, ob die politische Kultur und die Institutionen Russlands dieser Zeit mongolisch-tatarisch geprägt und von einer dünnen Goldschicht aus byzantinischem Pomp und Prunk überzogen waren. Doch inwiefern kommt es darauf wirklich an? Russisch-orthodoxe Heilige waren ursprünglich oft heidnische Götter, denen ein Heiligenschein und eine neue Hintergrundgeschichte verpasst wurden. Verfolgt man die Stammbäume der großen russischen Familien zurück, wird man feststellen, dass sie typischerweise aus einer Mischung aus Slawen, Warägern und Tataren entstanden waren. Die traditionelle *Wetsche*, die Stadtversammlung, wurde von alten slawischen Praktiken abgeleitet, verschmolz aber mit den *Thing*-Volksversammlungen, die eher den Wikingern ein Begriff waren. Es geht nicht darum, woher unterschiedliche Ideen und Praktiken kamen, sondern darum, wie man diese interpretierte, welche Bedeutung die Menschen ihnen gaben und wie sie ein Eigenleben entwickelten, welches künftig das Land und seine Bevölkerung formte.

Zuvor war Russland eine Leinwand, auf die aufeinanderfolgende Kulturen ihre Ideale und Absichten geschrieben hatten. Einige dieser kulturellen Einschreibungen überdauerten, wurden von nachfolgenden Generationen ausgeschmückt und herausgestellt, während andere bald schon wieder übertüncht wurden. Doch entscheidend ist, dass die Rolle der Russen in diesem Prozess bis zum Aufstieg des Moskauer Staats weitgehend reaktiv, ja sogar passiv gewesen war. Jetzt jedoch strebten sie aktiv danach, sich selbst zu definieren, und hierfür orientierten sie sich am Ausland.

Zar: Der neue Titel eiferte jenem der römischen Kaiser nach, und der Herrscher wählte den doppelköpfigen Adler Ostroms zu seinem Symbol. Wie die göttlichen Kaiser Roms und Konstantinopels war der Zar ein sakraler Souverän, der nur jenem Gott untertan war, der ihm sein Mandat verliehen hatte. Oder, wie Iwan IV. es in einem seiner unbeherrschten Briefe an den Überläufer Fürst Kurbski formuliert hat: Russland habe nun eine »Autokratie von Gottes Willen«, und er sei der »orthodoxe, wahrhaft christliche Autokrat«.

Der österreichische Diplomat Baron Sigismund von Herberstein schrieb mit Blick auf Iwan den Schrecklichen, die Bojaren, »entweder bewegt von der Größe seiner Leistungen oder von Angst befallen, wurden seine Untertanen«. Nun war wohl eher Letzteres der Fall, doch die Angst vor einem Individuum kann sich als schwache Grundlage für lang anhaltende Macht erweisen. Die beiden Iwans schufen die ideologische, institutionelle, ja sogar ästhetische Grundlage einer gottgewollten Autokratie in Russland, doch es sollte den umfassenden Krisenkomplex der Zeit der Wirren benötigen, damit Russen, ob Bauern oder Bojaren, einen solchen Herrscher als Alternative zu Chaos, Hunger und Invasionen akzeptierten.

Schließlich bot der *Semski Sobor* im Jahr 1613 dem 16-jährigen Michail Romanow die Krone an. Sie wollten einen Zaren, benötigten einen Zaren und mussten am Ende selbst einen erfinden. Seine Haupteignung schien schließlich daraus bestanden zu haben, unbedenklich zu sein, aus einer Familie zu stammen, die ihre Geschichte bis zu den Tagen der Kiewer Rus zurückverfolgen konnte, und Sohn des respektierten Patriarchen Philaret zu sein. Doch in Wahrheit verlangte ein erschöpftes Russland nach einer stabilen Zukunft, und Michail war in der Lage, diese anzubieten. Er regierte bis 1645 und begründete eine Dynastie, die Russland bis ins Jahr 1917 beherrschen sollte.

Weiterführende Lektüre: Andrei Pavlovs und Maureen Perries *Ivan the Terrible* (Pearson 2003) und Isabel de Madariagas Buch mit demselben Titel (Yale University Press 2006) sind die besten Biografien über diesen vielschichtigen Menschen. Robert O. Crummeys *The Formation of Muscovy 1304–1613* (Longman 1987) erweist sich als schwierige, jedoch detailreiche Lektüre. In ganz anderem Tempo und Ton erzählt Wladimir Sorokins kurzer, obszöner Science-Fiction-Roman *Tag des Opritschnik* (Kiepenheuer & Witsch 2007) vom neuerlichen Aufstieg der *Opritschniks* in einem zaristischen Russland der nahen Zukunft.

4.

»Geld ist die Schlagader des Krieges.«

CHRONIK

1613	Michail Romanow wird zum Zaren gekrönt
1639	Russen erreichen den Pazifik
1649	Neue Gesetzessammlung, die *Sobornoje Uloschenije*
1652–66	Nikon ist der Patriarch von Moskau
1654	Vertrag von Perejaslaw
1654–67	Russisch-Polnischer Krieg
1666-67	Große Synode von Moskau belegt die Altgläubigen mit Kirchenbann (Anathema)
1670–71	Kosakische Rebellion unter Führung von Stenka Rasin
1682	Abschaffung der *Mestnitschestwo*
1682	Peter der Große wird neunjährig mit seinem Halbbruder zum Zaren gekrönt
1689	Vertrag von Nertschinsk
1696	Peter wird alleiniger Herrscher
1697–98	Peters »Große Gesandtschaft« nach Europa
1700–21	Großer Nordischer Krieg
1722	Einführung der Rangtabelle
1722–23	Persischer Feldzug
1725	Tod Peters des Großen

Surab Zeretelis Statue von Peter dem Großem (1997) (© Mark Galeotti)

Über der Moskwa, zwischen den Hipster-Bars in der ehemaligen Schokoladenfabrik Roter Oktober, den Nobelhäusern an der Pretschistenka und dem Muzeon-Skulpturenpark ragt Zar Peter der Große (reg. 1682–1725) 98 Meter unsterblich in die Höhe, aus Tausenden Tonnen Stahl, Bronze und Kupfer gegossen. Es handelt sich um das wunderbar hässliche Denkmal des Mannes auf einer Galeone, das 1997 unter dem Moskauer Bürgermeister Juri Luschkow errichtet wurde. Während er noch den Abbruch historischer Gebäude genehmigte, an deren Stelle geschmacklose Shopping Malls entstehen sollten, gab Luschkow es bei Surab Zereteli, seinem Lieblingsbildhauer und -architekten, in Auftrag. Die meisten Moskauer hassen es – und es sollte ursprünglich noch nicht einmal Peter darstellen. Obwohl Zereteli dies heute abstreitet, gilt es als ausgemacht, dass es sich eigentlich um den Entwurf für ein Denkmal handelte, mit dem der 500. Jahrestag von Christoph Kolumbus' erster Amerikareise 1492 begangen werden sollte. Als er in den Vereinigten Staaten keinen entsprechend leichtgläubigen und geschmacklosen Auftraggeber finden konnte, tauschte Zereteli einfach die Köpfe aus und pries Luschkow das Ganze als Statue von Peter dem Großen an, mit dem der 300. Jahrestag seit Gründung der russischen Flotte gefeiert werden sollte. Der Rest ist Geschichte.

Nur, was für eine Art von Geschichte? Auf der einen Seite erscheint es sehr seltsam, dass ausgerechnet in Moskau ein Denkmal für einen Zaren landete, der diese Stadt so sehr hasste, dass er sich lieber eine neue Hauptstadt im Norden baute – Sankt Petersburg. (Nachdem Luschkow als Bürgermeister zurücktreten musste, bot Moskau der Stadt das Denkmal an, doch das Sankt Petersburger Stadtparlament antwortete, man wolle keine »großartige Stadt verunstalten«. Sie sprachen von ihrer eigenen.) Zum Zweiten ist die Tatsache, dass sich hinter dem russischen »Peter« der nur leicht verkleidete Italiener Cristoforo Colombo verbirgt, eine starke Metapher für viele der Reformen, die er Russland auferlegte. Er war ein Modernisierer, er befürwortete sogar eine Verwestlichung, doch statt sich ernsthaft mit den darunterliegenden Gründen dafür zu befassen, warum Russland so anders war, berührten viele seiner Maßnahmen lediglich die Oberfläche. Russische Aristokraten etwa wurden gezwungen, sich ihre buschigen Bärte zu schneiden, wollten sie nicht eine eigene Steuer bezahlen. Nur führt die Nachahmung eines im europäischen Stil rasierten Kinns nicht unbedingt zu einem europäischen Denkstil.

Zum Dritten lässt sich jedoch durchaus nachvollziehen, warum Peter der Große als eine der prägenden Figuren im Russland der Romanows gilt. Ganz wie die Statue thronte er sowohl im übertragenen wie wörtlichen Sinn über denjenigen, die ihn umgaben. Mit seinen mehr als zwei Metern war er für seine Zeit, in der die durchschnittliche Körpergröße von Männern 1,68 Meter betrug, ein echter Riese. Sein Enthusiasmus kannte keine Grenzen, immer strebte er danach, neue Fertigkeiten zu erlernen, von der Zahnheilkunde (seine unglücklichen Höflinge mussten ihn an sich praktizieren lassen) bis zur Uhrmacherei. Er hatte ein aufrichtiges Interesse an der Außenwelt und reiste sogar als erster russischer Herrscher durch Europa. Nichtsdestotrotz stellte Peter im besten Fall den Höhepunkt einer Entwicklung dar. Viele seiner Reformen wurzelten in den Praktiken seiner Vorgänger aus dem Haus der Romanows, und seine Politik orientierte sich meist nicht an seinen eigenen Vorstellungen, sondern an den Umständen, in denen er sich gerade befand.

Und genau wie die Launen des Schicksals, des Geschmacks und der Vetternwirtschaft das größte Denkmal Peters in einer Stadt ansiedelten, die er verachtete, war auch er selbst von Paradoxien durchdrungen. Er war ein russischer Nationalist, der seinem Adel befahl, europäischer auszusehen, der Ideen und Technologien aus der gesamten westlichen Welt übernahm und dennoch einen asiatischen Despotismus kodifizierte, wonach der Dienst am Staat die einzige Grundlage für die Stellung des Einzelnen innerhalb der Gesellschaft darstellte. Je mehr er versuchte, die für Russland attraktivsten oder nützlichsten Aspekte Europas herauszupicken, desto mehr musste er Wege finden, diese mit Blick auf Russlands göttliche Mission und besondere Stellung in der Welt zu rechtfertigen. Dies war die größte aller Erfindungen: dass an der Spitze des Systems eine moderne europäische Kultur mit einem darunterliegenden eurasischen Feudalismus koexistieren könne. Das beste Beispiel hierfür stellt der Bau seiner neuen Hauptstadt Sankt Petersburg dar. Eine luftige, moderne Stadt, von französischen und italienischen Architekten entworfen – und erbaut von einer halben Million Leibeigenen, die aus dem ganzen Land herangeschafft wurden und dort zu Zehntausenden sterben sollten.

AUFTRITT DER ROMANOWS

Aus der Zeit der Wirren erwuchs nicht nur die Romanow-Dynastie, sondern auch ein neues, in sich geschlossenes Narrativ, wonach Russland zur Beute seiner vielen Feinde wird, wenn es nicht über einen einzigen, mächtigen Herrscher verfügt, unter dem sich alle Klassen und Völker der Nation vereinen können – und müssen. Dies wurde zur Grundlage des Russischen Reichs, und hieraus entwickelte sich ein nationales Selbstbild sowohl von einer belagerten Festung inmitten eines Meeres an Feinden als auch von der Beschützerin all dessen, was gut und rein ist, sei es der wahre Glaube oder, später, das rechtmäßige Regime, das sich gegen Chaos, Anarchie und Rebellion in Stellung bringt. Damit einher ging jedoch eine unvermeidliche Spannung: Wie sollte man die Grenzen schützen, russische Interessen geltend machen und im Land die Ordnung bewahren, ohne dabei auf westliche Technologien zurückzugreifen? Und konnten diese Technologien übernommen werden, ohne dass damit gesellschaftliche und sogar politische Veränderungen einhergingen? Die Antwort lautete schlussendlich, dass dies nicht möglich war, wenngleich es die Zaren über Jahrhunderte dennoch versuchen würden. Es sollte nun also eine Zeit anbrechen, in der sich Wachstum und Stärke mit Gefahren und Paradoxien mischten, und tatsächlich wurde das 17. Jahrhundert von Kriegen im Ausland und Aufständen im Inland, aber auch von imperialer Expansion und einem wachsenden nationalen Selbstbewusstsein geprägt.

Michail (reg. 1613–45), der erste Zar der Romanows, mag aufgrund seiner Farblosigkeit ausgewählt worden sein, doch erwies sich seine Herrschaft als unerwartet produktiv (zum Teil freilich aufgrund der Rolle, die sein dominanter Vater Philaret spielte). Seine eigentliche Krönung wurde um Wochen verschoben, weil das von aufeinanderfolgenden Kriegen und Rebellionen geschundene, nackte und hungernde Moskau sich in einem zu schlechten Zustand befand, um sie auszurichten. Doch als er im Jahr 1645 starb, hatte er den Frieden mit Schweden und Polen gesichert, einen Teil der Armee nach westlichem Vorbild umgebaut (etwas, das unter Peter zum Aufstand der traditionellen Strelizen führen sollte) und die Ausweitung des russischen Einflusses in Sibirien durch eine kunterbunte und oft mörderische Ansammlung kosakischer Söldner, mit Pelzen handelnder Kaufmannsabenteurer und vorausschauender Aristokraten überwacht. 1639 erreichte eine Gruppe Kosaken sogar die Pazifikküste, und ihnen folgten Sträflinge, Steuereintreiber, Missionare und schließlich die Pocken, die die indigene Bevölkerung im dünn besiedelten Sibirien brutaler dahinraffen als jedes Gewehr oder Schwert.

Die Herausforderung bestand wie immer darin, ein Gleichgewicht zwischen dem Drang nach Ausbreitung und der Stabilität im Kerngebiet zu bewahren. Auf Michail folgte Alexei (reg. 1645–76), der aufgrund seines zurückhaltenden Wesens den Spitznamen »der Sanftmütigste« erhielt. Allerdings standen ihm turbulente Zeiten mit Kriegen gegen die traditionellen Feinde Polen und Schweden sowie den neuen Herausforderer Persien bevor. Dazu kam ein Aufstand der Kosaken, bei dem mehrere Städte an der Wolga abbrannten und eine kurzlebige Kosakische Republik entstand. Es folgte der Vertrag von Perejaslaw, der vorsah, deren größte Region – und damit einen Großteil der heutigen Ukraine – unter die Herrschaft des Zaren zu bringen. Ein Schisma zerriss diejenige Institution, die als die schwerfälligste wie zuverlässigste galt, die russisch-orthodoxe Kirche. Alexei musste sich mit dem üblichen russischen Dilemma auseinandersetzen: Auf der einen Seite störte ihn der wachsende Einfluss von Ausländern mit ihren neuen und andersartigen Ideen. So richtete er zum Beispiel im Jahr 1662 einen abgetrennten Teil von Moskau, die »deutsche Vorstadt« (das russische Wort für Deutsche, Nemets, meinte in diesem Fall alle Ausländer), als Getto ein, auf das auch alle nichtrussischen Botschaften, Villen und Kirchen beschränkt blieben. 1675 verbot er an seinem Hof selbst in privaten Räumen westliche Kleidung oder Stile. Doch genauso, wie sich wohlhabende Russen für alles Exotische und Fremde begeisterten, benötigte der russische Staat auf der anderen Seite diese Außenseiter, ihr Geld, ihre Technologien und ihre militärische Erfahrung. Insbesondere mag Alexei zwar den westlichen Lebensstil verachtet haben, dennoch machte er den römisch-katholischen Söldner Patrick Gordon aus Schottland zum Hauslehrer seines Sohnes Peter. Er war nur einer von vielen Ausländern, die entscheidend daran mitwirkten, die Leidenschaften und Interessen des jungen Zarewitschs (Prinzen) zu formen.

GLAUBE UND GLÄUBIGE, ALT UND NEU

Dieses Spannungsverhältnis war in der Kirche besonders greifbar. Bestand für die säkularen Machthaber die Lektion aus der Zeit der Wirren darin, dass Schwäche im Inland gleichbedeutend mit Verwundbarkeit im Ausland war, mehrten sich innerhalb religiöser Zirkel die Stimmen, die diese Ära als Beleg für die Unzufriedenheit Gottes mit dem russischen Volk und der Unreinheit ihrer Liturgie deuteten. 1652 wurde einer von ihnen, der wortgewandte und energische Nikon, Patriarch von Moskau und der ganzen Rus. Allem Anschein nach weigerte er sich zunächst, das Amt anzunehmen, doch sobald er es innehatte, stürzte er sich sofort in Reformen, die seiner Ansicht nach dazu dienten, eine Kirche zu reinigen, die zu weit von ihren griechisch-byzantinischen Wurzeln abgewichen war.

Zeitgenössische griechische Riten und Liturgien ersetzten die vorhandenen (wer sein Leben und seine Freiheit liebte, tat gut daran, gar nicht erst darauf hinzuweisen, dass es doch mittlerweile die russischen Riten waren, die jenen des alten Byzanz am nächsten kamen). Neuere Ikonenstile wurden verboten, und Nikons Anhänger brachen in ganz Moskau in Kirchen und Häuser ein, um diese modernen Ikonen zu beschlagnahmen oder in Brand zu stecken. Denjenigen, die sie gemalt hatten, wurden die Augen ausgestochen, und anschließend trieb man sie durch die Stadt. Kirchen, von denen man glaubte, sie seien zu weit von byzantinischen Maßstäben abgewichen, wurden zerstört. Selbst die Schreibweise von Jesu Namen und die genaue Art und Weise, in der das Kreuzzeichen zu machen sei, wurden überarbeitet. Frühere Verbündete, die von der Stoßrichtung und dem Ausmaß dieser Veränderungen entsetzt waren, wurden exkommuniziert. Frömmigkeit nach Nikons Manier wurde durch Gewalt, Angst und Synodengerichte durchgesetzt.

Zar Alexei war lange von Nikon verzaubert – noch 1652 war er vor ihm niedergekniet und hatte ihn angefleht, das Moskauer Amt anzunehmen –, und zunächst war der neue Patriarch tatsächlich die rechte Hand und der Stellvertreter des Zaren gewesen. Als sich Alexei in den ersten Jahren des immer wieder aufflackernden Russisch-Schwedischen Kriegs, der 1654 begonnen hatte, an der Front aufhielt, war Nikon im Grunde der Regent in Moskau. Mit der Zeit sollte diese Beziehung jedoch zunehmend unter Spannungen leiden. Ganz egal, ob Nikon sich vor der säkularen Autorität der Krone verneigte oder nicht, im Umkehrschluss dachte er jedenfalls, die Krone habe sich in geistlichen Dingen der Kirche zu beugen. Hierzu gehörte auch, gegen die Auflagen der *Sobornoje Uloschenije*, der neuen, 1649 herausgegebenen Gesetzessammlung, die die Autorität der Kirche untergrub und ihre Privilegien beschnitt, vorzugehen.

Angesichts des Widerstands sowohl der Bojaren als auch des Klerus sowie der neuen Distanz zum Zaren nahm Nikon sich ein Beispiel an Iwan dem Schrecklichen, warf die Gewänder des Patriarchen symbolisch beiseite und verließ Moskau, um ins Kloster zu gehen. Er wartete darauf, dass seine Kritiker zu Sinnen kommen und ihn bitten würden, zurückzukehren. Er wartete vergeblich. Acht Jahre lang verblieben Nikon und die Kirche in einer Sackgasse, bis sich im Jahr 1666 die mächtigsten Kleriker und angesehensten Theologen endlich auf der Großen Synode von Moskau versammelten – in einigen Fällen waren hierfür angeblich großzügige Zahlungen in Rubel und Pelzen vonnöten – und versuchten, die Krise zu beenden. Die Synode versuchte das Unmögliche, indem sie Nikon verurteilte, ihm seine Befugnisse entzog und ihn in ein entferntes Kloster unter Bewachung schickte, gleichzeitig aber seine Reformvorschläge akzeptierte. In dem großen *Raskol*, Trennung, genannten Schisma wurden jene Traditionalisten, die sich gegen diese Veränderungen stellten, die sogenannten Altgläubigen, zu Abtrünnigen erklärt und sollten in den kommenden drei Jahrhunderten die meiste Zeit verfolgt werden. Erst im Jahr 1971 hob das Moskauer Patriarchat ihre Ächtung auf.

Debatten über die genaue Handhaltung beim Bekreuzigen mögen trivial erscheinen und kaum der Grund für Generationen voller Hass und Sektierertum, Mord und Exil sein. Doch spiegelt sich in den religiösen Debatten der Nikonischen Zeit eine größere Angst: dass Russland Schritt für Schritt seine Traditionen, seinen einzigartigen Platz auf der Welt, seine Seele verlieren könnte. Das Tragische daran ist, dass die »Reformer« versuchten, das geistliche Leben in Russland auf etwas zurückzuführen, was es nie gegeben hatte: Sie verwechselten zeitgenössische griechische Riten mit den echten byzantinischen und versuchten, eine perfekte Trennung zwischen Kirche und Zar »wiederherzustellen«, die weder von den Kaisern Konstantinopels noch den Fürsten Kiews anerkannt worden wäre. Wieder einmal beschwor ein Verweis auf die Geschichte kunstvolle (wenn auch wahrscheinlich naive) Neuerfindungen der russischen Vergangenheit herauf.

ZWEI ZAREN ZUM PREIS VON EINEM

In der Zwischenzeit drängte der säkulare Staat weiter in Richtung Modernisierung. Alexeis unmittelbarer Nachfolger Fjodor III. (reg. 1676–82) errichtete – fast 600 Jahre nach Gründung der Universitäten von Bologna und Oxford – die Slawisch-Griechisch-Latein-Schule, Russlands erste höhere Bildungseinrichtung. Vielleicht am beeindruckendsten war Fjodors Verbot des *Mestnitschestwo*-Systems von 1682, das die Stellung eines Adligen nach Geburt und Dienstrang festlegte. Stattdessen förderte er ein eher meritokratisches System, in dem Anstellungen an diejenigen gingen, die dafür am besten geeignet waren (oder von der Krone ernannt wurden: selbst ein reformwilliger Zar kam nicht ohne seine Günstlinge aus). Die alten Abstammungsbücher, akribisch erarbeitete enzyklopädische Geschlechtsregister, die verwendet wurden, um die genaue Stellung eines jeden Adligen in der Hierarchie festzulegen – setzte man jemanden auf einen etwas zu niedrigen Tabellenplatz, riskierte man durchaus ein Duell –, wurden symbolträchtig und feierlich verbrannt.

Fjodor starb noch im selben Jahr. Er hinterließ keinen Erben, weshalb theoretisch sein jüngerer Bruder Iwan, der letzte noch lebende Sohn aus Alexeis erster Ehe, an der Reihe war. Der 15-jährige Iwan war jedoch chronisch krank, und viele waren der Meinung, dass er auch intellektuell minderbemittelt sei. Die Bojaren fürchteten die Folgen, würde Russland einen schwachen Zaren bekommen, und richteten ihre Aufmerksamkeit stattdessen auf seinen kleinen Halbbruder aus Alexeis zweiter Ehe, den neunjährigen Peter. Allerdings hatten sie nicht mit der traditionellen Rivalität zwischen den Familien Miloslawski und Naryschkin gerechnet, aus denen Alexeis erste beziehungsweise zweite Frau stammten. Ebenso wenig mit den skrupellosen Leidenschaften von Iwans älterer Schwester Sofia Alexejewna. Gut möglich, dass Russland für seine erste Zarin noch nicht, Sofia selbst jedoch zu allem bereit war.

Sie und die anderen Miloslawskis streuten Gerüchte, dass Fjodor vergiftet und Iwan erwürgt worden sei, und zettelten so einen Aufstand der Strelizen an. Ohnehin schon wütend über die Erosion ihrer Privilegien und den Aufstieg neuer, am Westen orientierter Regierungsformen, ließen sich die Strelizen leicht gegen die Bojaren aufbringen. Als der Moskauer Pöbel die Gelegenheit nutzte, um zu randalieren und zu plündern, bemühte sich die Bojarenduma um einen Kompromiss. Wie immer fand man zuletzt eine pragmatische Lösung, die man unter dem Deckmantel der Tradition eilends umsetzte. Iwan (reg. 1682-96) und Peter (reg. 1682–1725) wurden zu Russlands *Dwojetsarstwenniki* (Doppelzaren) gekrönt, und Sofia wurde Regentin. Für die beiden Jünglinge schmiedete man eigens einen Doppelthron, geschwind ließ man ein Duplikat der Mütze des Monomach anfertigen, damit beide mit einer eigenen gekrönt werden konnten. Schließlich wurde das byzantinische Ritual verfremdet und gänzlich überarbeitet, um einen derart ungewöhnlichen Schritt zu rechtfertigen.

Für etwas mehr als sechs Jahre führte Sofia mit Unterstützung ihres Verbündeten und wahrscheinlich Liebhabers, Fürst Wassili Golizyn, das Land. Iwan verbrachte seine Tage brav mit Gebeten, Pilgerfahrten und höfischer Pracht, während Peter sich zumeist auf dem fürstlichen Anwesen in Preobraschenskoje aufhielt, wo er nicht zuletzt seine sogenannten Spielregimenter aufstellte. Aus einer Gruppe Bediensteter und gleichaltriger Jugendlicher wurde mit der Zeit eine richtige, zunächst 100, später 300 Mann starke Truppe. In Sofias Regentschaft fielen die Unterzeichnung des allzu optimistisch Ewiger Friede genannten Friedensvertrags mit Polen (1686), der Russlands Anspruch auf die alte Hauptstadt Kiew bestätigte, und, am anderen Ende des sich ausbreitenden Reichs, der Vertrag von Nertschinsk mit China (1689). Doch fielen in diese Zeit auch die verheerenden Feldzüge von 1687 und 1689 gegen das Khanat der Krim, bei denen Russland nicht so sehr von der gegnerischen Streitmacht besiegt wurde, als durch die logistische Herausforderung, eine Militärexpedition an die Ränder eines mittlerweile riesigen Reiches zu führen.

Gleichzeitig wollte oder konnte sich Sofia nicht zur Zarin oder Kaiserin erklären. Stattdessen musste sie zusehen, wie Iwan kränker und Peter zunehmend eigensinniger wurde. Im Jahr 1689 hatte der 17-jährige Peter genug. Er verlangte, dass Sofia ihren Platz räume. Zwar versuchte sie erneut, die Strelizen gegen ihn in Stellung zu bringen, sah sich jedoch nun der Mehrheit der Bojaren und Strelizen sowie Peters »Spielregimentern« gegenüber – mittlerweile zwei voll ausgebildete Kompanien mit eigener Kavallerie und Artillerie. Und, was womöglich genauso wichtig war, selbst Iwan war gewillt, sich Peter anzuschließen.

So wurde Sofia gezwungen, sich in das Nowodewitschi-Kloster zurückzuziehen, ein traditionsreiches Edelgefängnis für unerwünschte Frauen, von der Schwiegertochter Iwans des Schrecklichen bis hin zu Boris Godunows Schwester. Vielleicht hatte die stets gut vorbereitete Sofia selbst dieses Schicksal vorhergesehen, hatte sie doch das ironisch »Neujungfrauen« genannte Kloster im Verlauf ihrer Regentschaft umfangreich renovieren lassen. Und während Peter bis zu seinem 22. Lebensjahr eigentlich weiterhin ein Mündel seiner Mutter blieb und sich mit Iwan bis zu dessen Tod im Jahr 1696 den Herrschertitel teilte, war er nun praktisch der Zar. Die Macht war in seinen Händen. Doch was würde er mit ihr anfangen?

BAU DES PETRINISCHEN STAATES

Über Peter ist vieles bekannt. Viel weniger wurde wirklich verstanden. Er war charismatisch und energisch, litt aber an Anfällen und krampfhaften Zuckungen im Gesicht. Sein Motto lautete: »Ich bin ein Schüler auf der Suche nach Lehrern«, und er war ganz gewiss gewillt, unterrichtet zu werden – er befehligte seine »Spielregimenter« nicht, sondern schrieb sich als einfacher Kanonier ein, um die Kriegsführung von Grund auf zu verstehen –, doch interessierte er sich weniger für intellektuelle als für praktische Dinge. Er war stolz auf sein Land, doch sehnte er sich mehr nach dem Respekt des Auslands als dem seines eigenen Volks. Er hatte um die Macht gekämpft, doch sobald er sie innehatte, schien er der Herrschaft in vielerlei Hinsicht überdrüssig zu werden. Er vertiefte sich lieber in jene Pflichten, die ihm gefielen, und vernachlässigte die anderen.

Peter hatte schon Soldat gespielt, als er noch ein Junge war, er war schockiert vom brutalen Aufstand der Strelizen 1682 (sein Onkel Iwan Naryschkin und Artamon Matwejew, jener Staatsmann, der seine Krönung vorgeschlagen hatte, wurden beide vor seinen Augen brutal ermordet), er hatte dank seiner persönlichen Armee die Macht erlangt und miterlebt, wie sehr Sofias Autorität litt, als ihr Günstling Golizyn nicht nur eine, sondern zwei Krim-Expeditionen in den Sand setzte. Militärische Stärke schien Peter entscheidend für seine persönliche Sicherheit, zentral für Russland und machte ehrlicherweise auch noch ziemlich viel Spaß.

Möglicherweise vernachlässigte er das Zeremoniell, das vor ihm das Leben so vieler Zaren bestimmt hatte, und gab zu jedweder spirituellen Rolle lediglich Lippenbekenntnisse ab. Andererseits hatte er eine pragmatische Auffassung von der Staatskunst und begriff, dass die militärische Stärke eines Landes nicht nur von der Tapferkeit seiner Soldaten abhing, sondern auch von der Qualität der dahinterstehenden Technologien, Logistik und Führung. Ob man ihn nun tatsächlich in jeder Hinsicht als Modernisierer einstufen sollte, sei dahingestellt, doch verspürte er ein dringendes, leidenschaftliches Bedürfnis, aus Russland eine Großmacht, einen respektierten

Staat zu machen, und das bedeutete Kriege – Kriege, die er gewinnen wollte. Damals wurde Russland nicht als ernst zu nehmender militärischer Akteur angesehen. Der österreichische Botschafter Johannes Korb beschrieb Russlands Stellung aus westlicher Perspektive als nicht mehr asiatisch, aber noch nicht europäisch und bemerkte säuerlich: »Außer den Tataren fürchtet niemand die Armeen des Zaren.«

Peter wollte das ändern, doch das würde teuer werden. »Geld«, bemerkte er, »ist die Schlagader des Krieges.« Selbst nach Maßstäben früher moderner Staaten, zu Zeiten, da die soziale Sicherung im besten Fall aus Almosen, im schlechtesten aus Verhungern bestand, entwickelte sich der russische Staat in vielerlei Hinsicht zu einem reinen Förderverein für die Armee. Man schätzt, dass sie 1705 zwischen 65 und 95 Prozent des Staatshaushalts für sich beanspruchte. Hierfür benötigte man allerdings eine funktionierende Bürokratie, ein effizientes Steuersystem und einen disziplinierteren wie professionelleren Staatsapparat. Und Peter machte sich daran, diese im Zuge umfassender Reformen aufzubauen.

Die Leibeigenschaft, lange Zeit eine Herausforderung für Russlands Herrscher, wurde unnachgiebiger denn je interpretiert, da der Staat von den arbeitenden, bauenden und kämpfenden Bauern abhing. Hunderttausende Bauern – aus einer Gesamtbevölkerung von etwa 7,5 Millionen – sollten für Peters Kriege und Bauprojekte eingezogen werden, weshalb man es ihnen nicht erlauben konnte, in den Süden oder Osten zu fliehen. Wer Ausreißer versteckte, musste mit neu eingeführten Strafen rechnen, und von 1724 an war es Bauern ohne Ausweis nicht einmal erlaubt, den eigenen Bezirk zu verlassen. Gleichzeitig prasselten neue Steuern für alles Mögliche, von Bienenstöcken bis Gurken, nur so auf sie ein.

Doch auch der Adel wurde von Peters ehrgeizigem Programm nicht verschont. Mit der Abschaffung des *Mestnitschestwo* hatte sich die Art und Weise verändert, wie in Russland Stellung und Ansehen festgelegt wurden, doch im Jahr 1722 führte Peter die Rangtabelle ein, die für die Grundlagen des russischen Adels eine wahre Revolution darstellte. Von nun an mussten alle Adligen, die innerhalb des Systems vorankommen wollten, durch Dienste, Beförderung und Fähigkeiten über 14 Ränge aufsteigen. Natürlich waren Vetternwirtschaft, Wohlstand und Herkunft in der Praxis auch weiterhin von Bedeutung, doch theoretisch konnte der Adel seine Stellung, Macht und Privilegien nur dann halten, wenn er dem Staat diente. Genauso wichtig war, dass Staatsfunktionäre, die auf einen bestimmten Rang befördert wurden, in den Adelsstand erhoben wurden. Wer etwa am Hof Kollegienassessor wurde oder Oberleutnant zur See, beides Stellungen der achten Rangklasse, wurde erbberechtigter Adliger. Im *Mestnitschestwo* bestimmte der Rang den Beruf. Jetzt bestimmte der Beruf den Rang – und auf ihre eigene, eher angenehme Art und Weise wurden Adlige erfolgreich zu Dienern des Staates gemacht.

Dies galt sogar für die Kirche. So hatte etwa ein *Igumen* – ein Abt – den fünften Rang inne und war damit einem Staatsrat oder Brigadier gleichgestellt. Nikon hatte versucht, die schwammigen Überschneidungen zwischen Kirche und Staat zu klären, indem er Erstere von Letzterer unabhängig machte. Peters Lösungsansatz war genau das Gegenteil. Er baute die Kirche einfach zu einem weiteren Ministerium um. Dabei ging es nicht nur um Macht, sondern auch um Geld. Die Kirche besaß riesige Ländereien und genoss großzügige Steuerbefreiungen, doch Peters Kriege, seine im

Entstehen begriffene Flotte, die neu organisierte Armee benötigten alle Gelder. Kircheneigentum geriet unter die Kontrolle des Staates, der eifrig Bares aus ihr herauspresste. Viele der Einnahmen, die aus dem Besitz dieser konservativsten und darüber hinaus fremdenfeindlichsten Körperschaft stammten, wurden nicht nur für Reformen verwendet, sondern für Reformen, die von Ausländern inspiriert waren.

PETER AUF GROSSER FAHRT

Von Beginn an war Peter von Außenstehenden fasziniert. In seiner Kindheit zählte neben dem Schotten Patrick Gordon der Schweizer Söldner Franz Lefort zu seinen beständigsten Einflüssen. (Zu seinen Ehren heißt ein Stadtteil im Osten Moskaus, nahe der ehemaligen Deutschen Vorstadt, bis heute Lefortowo.) Das *Botik*, der Einmaster, der traditionell als »Großväterchen« der russischen Flotte gilt, war ein Segelboot englischer Bauart, das Peter in dem Dorf Isamilowo aufgestöbert hatte und von einem Holländer reparieren ließ. Seine erste Mätresse war die Deutsche Anna Mons. Den traditionellen langen russischen Kaftanen zog er deutsche Mäntel aus englischem Tuch vor, und im Jahr 1700 verfügte er, dass Moskaus Adel und Beamtenschaft sich ebenfalls nach westlicher Art kleiden sollten.

Das spektakulärste Bild für diese Begeisterung gab aber die »Große Gesandtschaft« ab. Im Jahr 1697 brach Peter zu einer 18-monatigen Reise durch das schwedische Livland, die Niederlande, England, die deutschen Staaten und Österreich auf. Theoretisch reiste er inkognito als »Peter

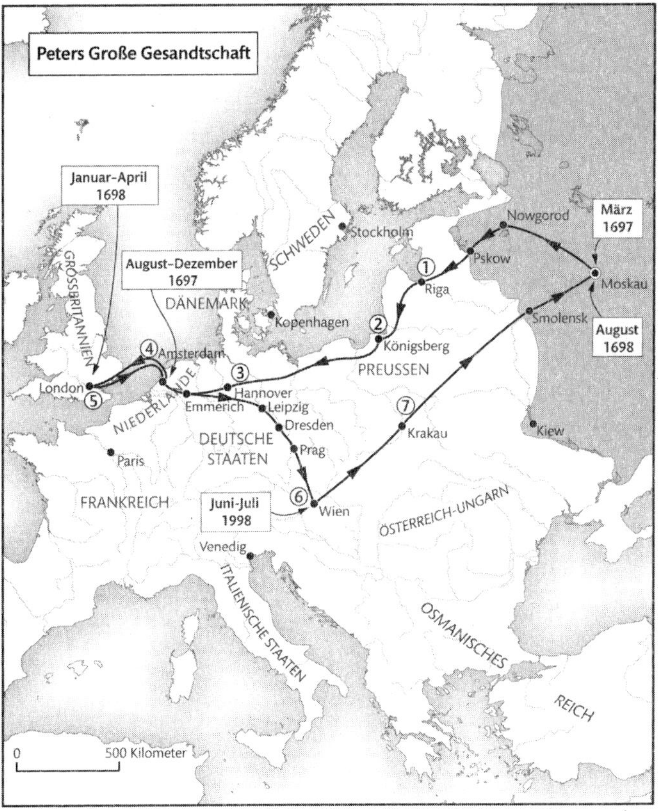
Peters Große Gesandtschaft
Januar-April
1698
August-Dezember
1697
März
1697
August
1698
Juni-Juli
1998
SCHWEDEN
Stockholm
Nowgorod
Pskow
Riga
Moskau
Smolensk
DÄNEMARK
Kopenhagen
Königsberg
PREUSSEN
GROSSBRITANNIEN
London
Amsterdam
NIEDERLANDE
Emmerich
Hannover
Leipzig
Dresden
Prag
DEUTSCHE
STAATEN
Paris
FRANKREICH
Wien
Krakau
Kiew
ÖSTERREICH-UNGARN
Venedig
ITALIENISCHE STAATEN
OSMANISCHES
REICH
0
500 Kilometer

Michailow«, doch handelte es sich hierbei um eine recht dünne Fiktion, nichts weiter als eine für ihn typische Entschuldigung, um den lästigeren Aspekten des Protokolls zu entkommen, nach Belieben zu zechen (was er tat) und sich die Hände schmutzig zu machen, wann immer er wollte. Zum Teil war das Ganze ein diplomatisches Unternehmen, das darauf abzielte, Verbündete gegen die Osmanen zu gewinnen. In dieser Hinsicht war es im Großen und Ganzen kein Erfolg. Europa sollte bald schon von den spanischen Thronfolgekriegen absorbiert werden, und nur wenige schienen bereit, den Beziehungen zu einem fernen und wenig bekannten Russland den Vorzug vor denen zu vertrauteren Nachbarn zu geben.

Doch für den neugierigen (und ausschweifenden) Zaren war dies auch eine unvergleichliche Möglichkeit, den Westen zu entdecken, seine Methoden und Technologien, seine Laster und Tugenden. In den Niederlanden studierte er Schiffsbau und heuerte jene Schiffbauingenieure an, die ihm dabei helfen sollten, seine eigene Flotte aufzubauen (bezeichnenderweise haben viele der russischen Wörter, die mit der See zu tun haben, niederländische Wurzeln). Auch in England bemühte er sich, das Handwerkszeug einer Seemacht und modernen Monarchie zu erlernen, und beteuerte, es sei ein »glücklicheres Los, ein Admiral in England als Zar in Russland zu sein«. Und dennoch, nachdem er das Parlament hatte tagen sehen, schloss er: »Die englische Freiheit ist nicht angemessen« für Russland.

Währenddessen wurde Russland von Peters zuverlässiger rechten Hand, seinem »Fürst Caesar« Fjodor Romodanowski, regiert, als sei der Zar noch im Lande. Im Jahr 1698 verbreiteten sich jedoch Nachrichten von einer neuerlichen

Rebellion der Strelizen. Peter eilte nach Hause, obwohl Romodanowski den Aufstand rechtzeitig vor seiner Rückkehr niedergeschlagen hatte. Nichtsdestotrotz stand Peters Antwort fest: Die Strelizen wurden endgültig aufgelöst (sie waren ein antiquiertes Hindernis bei der Schaffung einer Armee westlicher Prägung), und mehr als tausend von ihnen wurden mit der geknoteten russischen Lederpeitsche malträtiert, auf die Streckbank gespannt oder auf glühenden Eisenstangen geröstet, bevor man sie hängte oder enthauptete. Ihre Körper wurden zur Warnung der Bevölkerung aufgestellt: Dies war ein Zar, der keinen Ungehorsam dulden würde.

Ähnlich autoritäre Züge offenbarten sich, als er die Lektionen, die er im Westen gelernt hatte, anzuwenden begann. Nachdem seine Armeen im Jahr 1703 die schwedische Festung Nyenschanz an der Mündung der Newa eingenommen hatten, sah Peter die Gelegenheit gekommen, sich einen Seehafen für die geplante Flotte und eine Hauptstadt zu bauen, die es ihm ermöglichte, Moskau zu entkommen und zugleich zu beweisen, dass Russland eine Stadt europäischen Stils errichten konnte. Aus seiner neuen Hauptstadt, Sankt Petersburg, wurde tatsächlich eine solche Stadt, die nach niederländischen und englischen Plänen konzipiert und von italienischen, deutschen und französischen Architekten entwickelt wurde. Nur wurde sein »Fenster nach Europa« mit sehr russischen Methoden gebaut: Zehntausende Leibeigene, Sträflinge und Kriegsgefangene arbeiteten sich zu Tode, um Peter zu geben, was er wollte. Sogar die Zeit selbst sollte sich dem Willen des Autokraten beugen: 1699 verfügte Peter, dass Russland den byzantinischen Kalender, der die Jahre seit der angeblichen Erschaffung der Welt zahlte, zugunsten des westlichen, auf Christi Geburt datierten Kalenders aufgeben solle. Und so folgte plötzlich auf das Jahr 7207 das Jahr 1700.

PETER IM KRIEG

Ob Bärte und Architektur, Kirchenpolitik und Verwaltungsreformen, letztlich drehte sich alles um Krieg – um die moderne Armee und Flotte, die Peter unbedingt schaffen – und einsetzen – wollte. Von den 28 Jahren, in denen er alleiniger Zar war, herrschte in 23 Jahren Krieg: Der Große Nordische Krieg dauerte von 1700 bis 1721 und der Russisch-Persische Krieg von 1722-23.

Die russische Armee des Jahres 1698 zeigte sich nach größeren Umbildungen modernisiert und vergrößert. Jedes Jahr wurde ein Bauer aus jedem 20. Bauernhaushalt zum lebenslangen Militärdienst eingezogen. Ein junger Wehrpflichtiger, der sein Dorf verließ, um in die Armee einzutreten, wurde mit einer Trauerfeier verabschiedet. Es gab Bemühungen, die Ausrüstung zu vereinheitlichen und das Offizierskorps zu professionalisieren (auch in diesem Fall durch Einbindung ausländischer Kräfte). Dazu kam ein neuer Vorstoß, moderne Kanonen zu bauen, eine Leidenschaft, die bis zum Feldzug Iwans des Schrecklichen gegen Kasan zurückverfolgt werden kann und sich auch in der späteren sowjetischen Abhängigkeit von ihrem sogenannten roten Kriegsgott widerspiegelt.

Der von Segeln und Schiffsbau besessene Peter verwirklichte sich seinen Traum, Russland erstmals eine eigene Marine zu schenken. Bis zu seinem Tod hatte er eine Flotte mit 32 Linienschiffen und über 100 anderen Booten aufgebaut. Andererseits hatte Russland zuvor womöglich keine Marine gebraucht. Erst als das Land anfing, verstärkt Seehandel zu betreiben und gegen Seemächte wie Schweden um die nordeuropäische Hegemonie zu kämpfen, wurde sie zur Priorität.

Genau darum ging es ihm jedoch, und so war der Große Nordische Krieg eher eine Kette von Kriegen, in denen die Kriegsparteien kamen und gingen, während Russland und Schweden die Fixpunkte ihrer jeweiligen Koalitionen blieben. Dies hatte bisweilen den Charme einer Kneipenschlägerei. Erst war Russland mit Polen, Dänemark-Norwegen und Sachsen verbündet, wobei die letzten beiden eine Verschnaufpause nötig hatten, bis endlich die Schweden eine entscheidende Schlacht bei Poltawa verloren. Eine Zeit lang nutzten die Osmanen die Gelegenheit und halfen Schweden, dem alten Feind Russland eine blutige Nase zu verpassen, Hannover und Preußen wiederum verbündeten sich mit Russland. Die traditionell opportunistischen Briten achteten sehr darauf, dass keine der europäischen Nationen zu mächtig wurde, und unterstützten zu verschiedenen Zeitpunkten sogar beide Seiten.

Russland gewann – oder zumindest verlor Schweden letztendlich – und etablierte sich als Großmacht. Das schwedische Reich war, vor allem angesichts seiner relativ kleinen Bevölkerungszahl, als militärischer Gigant zerschmettert. (Von den 40 000 Soldaten, mit denen Karl XII., der »Löwe des Nordens«, in Russland einmarschierte, kamen nur 543 nach Hause zurück.) Der doppelköpfige Adler hatte den Löwen gedemütigt und gezeigt, dass er nicht nur Schlachten gewinnen, sondern auch jene Form von militärischer und logistischer Infrastruktur aufbauen konnte, die einem langen und harten Krieg standhält. Gleichermaßen zeigte der Russisch-Persische Krieg von 1722-23, dass eine Armee, die bislang nicht in der Lage gewesen war, den Krimtataren etwas entgegenzusetzen, nun tief in den Kaukasus und die kaspische Region vordringen konnte. Als das Persische Reich an Einfluss und Macht verlor, musste Peter die Osmanen davon abhalten, aus der Situation Kapital zu schlagen und ihre Kontrolle entlang Russlands Südflanke auszuweiten.

Das also ist Peters wahres Vermächtnis. Er war eher Kriegsherr als Staatenbauer, hatte jedoch verstanden, dass er das eine nicht ohne das andere erreichen konnte. Sein Interesse an auswärtigen Ideen war zum Teil Rebellion gegen die Gesellschaft, in der er erzogen worden war. Er neigte zu Parodien und Bilderstürmerei, und sein berüchtigter Freundeskreis, die »allseits witzig-betrunkene Synode der Narren und Witzbolde«, machte sich offen und oft grausam über russische Institutionen, sei es die Kirche oder seien es traditionelle Bräuche, lustig. Es ist gewiss sehr unwahrscheinlich, dass er Modernisierungen in einem philosophischen Sinn betrieben hat: Dies war der Mann, der in die Türschwelle von Martin Luthers Wohnhaus seinen eigenen Namen eingeritzt hat. Stattdessen war er äußerst praktisch. Peter glaubte, dass ein rückständiger Russe ein schwacher Russe war und ein schwacher Staat ein verletzlicher.

Er sprach die unmittelbaren Bedürfnisse der Verwaltung an, verschärfte den Zugriff des Staates auf den Adel, die Kirche und die Bauernschaft. Er war skrupellos, wenn man ihn reizte. Er verdächtigte seinen ältesten Sohn, eine Verschwörung gegen ihn angezettelt zu haben, und ließ ihn deshalb foltern. Dieser starb an den Qualen. Er machte Russland zur Großmacht und zwang den Westen, einem Land Aufmerksamkeit zu schenken, das bisher als »grobes und barbarisches Königreich« (so der englische Seefahrer Richard Chancellor im 16. Jahrhundert) galt. Reformen gingen jedoch nur so weit, wie sie für die Sicherheit erforderlich waren, und sollten auch nie etwas anderes darstellen. So hatte sich der Soldat und Handwerker, der Schiffbauer und Laienzahnarzt »Modernisierung« vorgestellt. Es sollte eine weitere »Große« – Katharina – brauchen, um auch Geist und Seele zu erneuern.

Weiterführende Lektüre: Zwar gilt Robert K. Massies sehr lesbare Biografie *Peter der Große. Sein Leben und seine Zeit* (Athenäum 1982) als der Maßstab, dennoch würde ich behaupten, dass Lindsay Hughes' *Peter the Great* (Yale University Press 2002) die beste der vielen Biografien über diesen Mann ist: klug, gut geschrieben und mit der richtigen Mischung aus Skepsis und Respekt. Foy de la Neuvilles *A Curious and New Account of Muscovy in the Year 1689* (SSEES 1994) ist einer der interessantesten zeitgenössischen Berichte. Geschrieben wurde er von einem polnischen Gesandten und hat den zusätzlichen Vorzug, online frei zugänglich zu sein. Wenn man bedenkt, wie sehr das Kriegswesen Peters Regierungszeit geprägt hat, erweist sich Peter Englunds *The Battle That Shook Europe: Poltava and the Birth of the Russian Empire* (I.B. Tauris 2013) als gutes Buch, das diese besondere und entscheidende Unternehmung seziert und deren umfassendere Zusammenhänge erforscht.

5.

**»Ich werde eine Autokratin sein.
Das ist mein Beruf.«**

CHRONIK

1725	Tod Peters des Großen
	Putsch von Katharina I.
1741	Putsch von Elisabeth
1762	Putsch von Katharina II. der Großen
1767	Einberufung der Gesetzbuch-Kommission
1768-74	Russisch-Türkischer Krieg
1773-74	Pugatschow-Aufstand
1783	Annexion der Krim
1785	Charta für den Adel
1787–92	Russisch-Türkischer Krieg
1788–90	Russisch-Schwedischer Krieg
1796	Tod Katharinas der Großen

Ein kaiserlicher Schritt, Karikatur aus England (1791) (© British Museum)

Englische Karikaturisten kannten kein Pardon, wenn es darum ging, die öffentlichen Personen des Tages zu verhöhnen, doch wenn auch die Darstellung der russischen Kaiserin Katharina II. – Katharina der Großen – nicht eben schmeichelhaft ist, so markiert sie dennoch in vielerlei Hinsicht Russlands neue Stellung. In Anspielung auf ihre Ambitionen hinsichtlich des Osmanischen Reichs macht sie hier einen einzigen Schritt von Russland bis Konstantinopel, während unter ihr die geistlichen und weltlichen Herren Europas ihre abgeschmackte Bewunderung zum Ausdruck bringen. »Nie habe ich so etwas gesehen«, sagt Ludwig XVI. von Frankreich, und Englands George III. schwärmt: »Welch wunderbare Expansion.« Und der osmanische Sultan seufzt: »Die gesamte türkische Armee könnte sie nicht befriedigen.«

Abgesehen von billigen Hinweisen auf ihr (größtenteils frei erfundenes) sexuelles Verlangen, fällt zunächst vor allem auf, dass Katharina nicht wie eine asiatische Monarchin dargestellt wird, sondern als vollständig europäische, sie befindet sich auf dem Höhepunkt einer Entwicklung, die Peter angestoßen hatte, um Russland zurück nach Europa zu holen. Des Weiteren war es Russland zwar nie gelungen, Konstantinopel einzunehmen, doch immerhin erschien der Gedanke, dass es genau dies tun könne, absolut realistisch. Russland war keine zu vernachlässigende Größe in weiter Ferne mehr, sondern Teil der zänkischen europäischen Familie der Nationen.

Immerhin tat Katharina die Große (reg. 1762–96) mehr, als nur Russlands 18. Jahrhundert zu prägen, sie formte auch sein Bild und seine Verortung in der Welt. Was das angeht, war sie in vielerlei Hinsicht das, was man heute womöglich als Meisterin der Meinungsmache bezeichnen würde. Sie erweiterte und putzte den Winterpalast in Sankt Petersburg heraus, um mit der Pracht von Versailles konkurrieren zu können. Sie unterhielt eine geistreiche Korrespondenz mit den angesagtesten Philosophen, insbesondere mit Voltaire, auch wenn sie diese auf sicheren Abstand hielt, damit sie nicht sehen konnten, dass viele ihrer Behauptungen über Russland nichts als bloßer Hype waren. Zu einer Zeit, als das Land ausgepresst wurde, um den Krieg gegen die Osmanen mitzufinanzieren, schrieb sie Voltaire: »Unsere Steuern sind so niedrig, es gibt in ganz Russland keinen Bauern, der nicht Hühnchen isst, wenn es ihm beliebt.« Sie war tatsächlich Reformerin und versuchte, dem Land Kultur und Bildung, fortschrittliche Politik und vernünftige Gesetze zu geben. Katharina war das Ebenbild jenes europäischen Ideals des 18. Jahrhunderts, jener »aufgeklärten Despoten«, die ihre Länder mit der Macht, die sie aus der Vergangenheit geerbt hatten, in die Zukunft führten.

Doch je mehr sie versuchte, Russland zu einer europäischen Nation zu machen, desto mehr offenbarte ihr Entwurf einige unvermeidliche Widersprüche. Katharinas goldene Ära sollte sich in vielerlei Hinsicht als vergoldetes Messing herausstellen, eine dünne Patina europäischer Kultur über einer Nation, die sich zunehmend von den Höfen, Fabriken, Werften und Universitäten des Westens entfernte und ihnen gegenüber in Rückstand geriet. Von einem ihrer Günstlinge, Grigori Potemkin, behauptete man, dass er künstliche Dörfer errichten ließ, um der vorbeifahrenden Katharina den Eindruck heiterer Fülle zu vermitteln. Dies gehört wahrscheinlich größtenteils ins Reich der Fabel, doch letztlich blieb Katharinas Russland der Aufklärung eine »Potemkin-Nation«, die zu sehr versuchte, jeden – und sich selbst – davon zu überzeugen, etwas zu sein, was sie nicht war. Erst als ein korsischer Artillerist und Emporkömmling ganz Europa verwüstete und bis Moskau vordrang, gingen viele der Mythen über das Russland des 18. Jahrhunderts zu Bruch.

Im Grunde genommen steckte das Land gesellschaftlich und wirtschaftlich immer noch im Mittelalter fest. Die überragende Mehrheit der Bevölkerung bestand aus Bauern. Die meisten Leibeigenen arbeiteten auf Ländereien, die dem Staat, dem Adel oder der Kirche gehörten. Dies sollte sich im Verlauf des Jahrhunderts kaum verändern. Lebten im Jahr 1724 etwa 97 Prozent der Bevölkerung auf dem Land, waren es im Jahr 1796 immer noch 96 Prozent. Leibeigene galten als bewegliches Eigentum, das in Familieneinheiten verkauft oder innerhalb des Landes umgesiedelt werden konnte. Auf das Land, auf dem sie arbeiteten, hatten sie keinen Anspruch. Zwar waren einige Versuche unternommen worden, westliche Anbaumethoden einzuführen, doch blieben sie eher erfolglos. Zum Teil waren die schweren Böden und das raue Klima einfach nicht dafür geeignet, oft jedoch mangelte es an Kenntnissen, Ausbildung, Kapital und Interesse. Die landwirtschaftlichen Erträge bewegten sich also weiterhin auf mittelalterlichem Niveau.

Binnenmarkt und Außenhandel wuchsen, insbesondere, nachdem Russland Häfen an der Ostsee und am Schwarzen Meer dazugewonnen hatte, und mit ihnen entwickelte sich eine Händlerklasse, die jedoch sehr klein blieb. Bäuerliche Händler übernahmen einen Großteil des kleinteiligen Binnenhandels, Ausländer und Adlige den Rest. Der Staat befand sich das gesamte Jahrhundert in einer permanenten Finanzkrise. Die Steuereinnahmen waren für die Kriegsausgaben, die prestigeträchtigen Projekte und den Hof nie genug, und um die Lücken zu schließen, wurden Wechsel ausgestellt und Geld gedruckt. Während die Staatsangestellten und der reichere Adel gebildet waren und mit ausländischen Sitten in Berührung kamen, konnten viele Mitglieder des Landadels weder lesen noch schreiben. Dies war wohl kaum das Land, das Katharina die Große dem Westen anpreisen wollte.

EINE ZEIT DER KAISERINNEN

Das traditionell so chauvinistisch geprägte Russland sollte sich an Frauen auf dem Thron gewöhnen müssen. Als Peter 1725 starb, hatte er einerseits durchgesetzt, dass der Zar seinen Nachfolger (aus der eigenen Familie) bestimmen durfte, es jedoch versäumt, selbst jemanden zu benennen. Er hatte zwar vor seinem Tod seine zweite Frau Katharina zur Zarin oder Kaiserin erklärt, ob sie jedoch allein auf dieser Grundlage die Macht hätte ergreifen können, bleibt fraglich. Stattdessen wurde sie von einer Clique, die unter Peter aufgestiegen war und sich um den klugen, jedoch zutiefst korrupten Fürsten Alexander Menschikow scharte, als passende Galionsfigur installiert. Sie riefen die Garderegimenter zu Hilfe – die sich nicht zum ersten Mal als Königsmacher oder, in diesem Fall, als Zarinnenmacher erwiesen – und machten Peters Witwe in einem wahren Coup d'État zu Katharina I. (reg. 1725–27), weil sie fürchteten, dass andernfalls Traditionalisten aus den älteren Bojarenfamilien an die Macht zurückkehren könnten.

Sie hatte zwar zwei eigene Töchter, doch Russland war für eine Erbfolge in weiblicher Linie nicht bereit. Deshalb musste Katharina zustimmen, den in männlicher Linie einzigen Enkel Peters I. zu ihrem Nachfolger zu benennen. Als sie 1727 starb, wurde der zwölfjährige Peter II. (reg. 1727–30) ordnungsgemäß gekrönt, und der allgegenwärtige Fürst Menschikow fungierte als Regent. Doch das Schicksal schien nicht geneigt, diesen Fall von Sexismus ungestraft durchgehen zu lassen, und so starb Peter drei Jahre später, ohne einen männlichen Erben zu hinterlassen. Nun waren die Kinder von Peters I. Mit-Zar Iwan V. an der Reihe, also entweder die älteste Tochter, Katharina, oder ihre jüngere Schwester Anne. Die Russen sollten also wohl oder übel eine weitere Kaiserin bekommen.

Zwar war Katharina die ältere, doch sie war mit einem Deutschen, Karl Leopold von Mecklenburg-Schwerin, verheiratet, und die Bojaren fürchteten, er könne Einfluss auf Russland ausüben, sollte seine Frau Zarin werden. Statt ihrer entschied sich der Oberste Geheimrat, jenes Gremium, das die Bojarenduma abgelöst hatte, für Anna. Doch wie bereits Katharina I. vor ihr, sollte sie dem Staat als bloße Galionsfigur vorstehen. Fürst Dmitri Golizyn, der Vorsitzende des Rats, konfrontierte sie mit einer Reihe von »Bedingungen«, die sie akzeptieren sollte. Doch musste er feststellen, dass Gehorsam zu verlangen einfacher war, als ihn tatsächlich durchzusetzen. Einmal gekrönt, zerriss Anna (reg. 1730–40) die »Bedingungen«, entließ die Mitglieder des Rats und ersetzte sie durch umgänglichere Kandidaten. Golizyn sollte im Gefängnis sterben, und obwohl er seither als der Mann gefeiert wurde, der versucht hatte, in Russland Verfassungsrechte einzuführen, darf man sich fragen, ob er diesen Versuch wirklich aus Überzeugung unternommen hatte oder einfach, weil er hoffte, dies sei seine Chance auf die Macht hinter dem Thron.

Zehn Jahre später machte Anna kurz vor ihrem Tod ihren zwei Monate alten Großneffen, einen weiteren Iwan, zu ihrem Erben und ernannte ihren deutschen Liebhaber Ernst Biron zum Regenten. Dies war der Versuch, sowohl Iwans V. Stammbaum als auch Birons Zukunft zu sichern. Doch war sie nie beliebt, und ihre Neigung, den Hof mit deutschen Verwandten und Kumpanen zu bevölkern, hatte den Pöbel ebenso befremdet wie die Bojaren. Iwan VI. (reg. 1740-41) wurde gekrönt, doch innerhalb von drei Wochen wurde Biron nach Sibirien verbannt, und gerade einmal 13 Monate nach seiner Krönung, nach einem Staatsstreich durch Peters Tochter Elisabeth, sollten der unglückliche Kinderzar und seine Familie verhaftet und in eine Festung im von Russland kontrollierten Lettland verbracht werden. Iwan V. und Peter I. hatten es noch geschafft, als Monarchen zu koexistieren, doch ihre Nachfahren waren anscheinend in einem unversöhnlichen Krieg gefangen.

Die energische, intelligente und charmante Elisabeth (reg. 1741–62) hatte das Preobraschenski-Regiment für sich gewinnen können, und im Jahr 1741 eroberte es für sie in einer unblutigen Nacht den Winterpalast samt Thron und nahm Iwan fest. Die 33-jährige Kaiserin Elisabeth leitete ein Zeitalter der Eleganz, Extravaganz und Diplomatie ein. Russland wurde als europäische Großmacht immer präsenter. Ein Krieg mit Schweden wurde mit der Annexion Südfinnlands durch Russland beendet, gleichzeitig war man Hauptakteur im Siebenjährigen Krieg (1756–63) gegen ein aufstrebendes Preußen. Im Jahr 1762 stand Friedrich der Große am Rande einer Niederlage, als ihn die Nachricht erreichte, dass Elisabeth gestorben war. Kinderlos und mit dem sehnlichen Wunsch, die Linie Peters des Großen an der Macht zu halten, war ihr nichts anderes übrig geblieben, als ihren Neffen Peter von Holstein-Gottorp zu ihrem Nachfolger zu bestimmen. Er war in Deutschland geboren worden, doch hatte Elisabeth versucht sicherzustellen, dass er eine russische Erziehung erhielt. Der von Pockennarben gezeichnete und von Zinnsoldaten besessene Peter III. (reg. 1762) sollte nur 186 Tage regieren. Allerdings öffnete seine Krönung seiner Frau die Türen zum Winterpalast: Prinzessin Sophie von Anhalt-Zerbst sollte als Katharina die Große in die Geschichte eingehen.

AUS SOPHIE WIRD KATHARINA

Sophie Friederike Auguste von Anhalt-Zerbst-Dornburg war von preußischer Abstammung mit beachtlichen Verbindungen und eher geringem Vermögen. Man erwartete von ihr, und das war das Schicksal von Mädchen aus solchen Verhältnissen, dass sie ungeachtet der eigenen Neigungen und zum Besten der Familie heiraten werde. Dass die Wahl auf ihren Cousin zweiten Grades, Peter von Holstein-Gottorp, fiel, hatte ganz gewiss mit Politik und nichts mit Zuneigung zu tun. Peters Tante, die Zarin Elisabeth, war darauf bedacht, die Beziehungen zu Preußen zu verbessern, und Sophies ehrgeizige, manipulative Mutter war begeistert von der Aussicht, ihre Tochter auf dem russischen Thron zu sehen und die Möglichkeit zu erhalten, für Friedrich II. von Preußen zu spionieren (sie wurde schließlich aus genau diesem Grund des Landes verwiesen).

Im Alter von 15 Jahren reiste Sophie nach Russland. Sie fand Peter widerlich, hatte jedoch in dieser Angelegenheit kaum eine andere Wahl. Außerdem war sie sich der Möglichkeiten, die sich hier einer andernfalls mittellosen jungen preußischen Prinzessin boten, durchaus bewusst. Es schadete auch kaum, dass Elisabeth eindeutig Gefallen an ihr fand. Deshalb begann Sophie mit der ihr eigenen Begeisterung, Russisch zu lernen, wurde im orthodoxen Glauben auf den Namen Jekaterina – Katharina – getauft und heiratete Peter im Jahr 1745.

Mit Peter wurde es auch nach näherer Betrachtung nicht besser, und die beiden führten ihr Leben größtenteils unabhängig voneinander, hatten Liebhaber und verfolgten eigene Interessen. Peter liebte es, sowohl mit Zinn- als auch richtigen Soldaten zu spielen, und quälte seine Diener mit ausgeklügelten und anstrengenden Morgenexerzitien. Die lebhafte und schlaue Katharina dagegen warb aktiv um die wichtigen Garderegimenter. Als Peter III. im Jahr 1762 den Thron bestieg, schaffte er es in kürzester Zeit, sich noch unbeliebter zu machen, nicht zuletzt, weil er seine Truppen übereilt aus dem Krieg mit Preußen zurückzog (er war ein großer Bewunderer Friedrichs des Großen und sprach sogar von ihm als »mein Herr«).

Die Ironie dabei war, dass die deutsche Zarin Katharina loyaler zu sein schien als der russischstämmige Zar Peter. Nachdem sie 17 Ehejahre mit diesem Menschen ertragen hatte, war sie jetzt nur zu gut darauf vorbereitet, sich bei der ersten Gelegenheit von ihm zu befreien und seinen Platz einzunehmen. Während er mit Verwandten auf seinem Landsitz verweilte, blieb Katharina in Sankt Petersburg, um ein Komplott zu schmieden. In prächtiger Gardeuniform stattete sie dem Ismailowski- wie dem Semjonowski-Regiment einen Besuch ab und bat beide um Unterstützung. Sie hatte die Kirche auf ihrer Seite, sie hatte den Beistand von Schlüsselfiguren innerhalb der Regierung, und sie hatte die Garde. Peter wurde verhaftet und gezwungen, abzudanken. Kurze Zeit später wurde er getötet, und Katharina II. (reg. 1762–96) war Kaiserin.

Wie üblich wurden Geschichte, Tradition und Ritual zurechtgebogen, um politischen Pragmatismus zu rechtfertigen: Glücklicherweise konnte man einen bislang wenig ausgetretenen Pfad in Katharinas Ahnenreihe bis zu den Rjurikiden zurückverfolgen, und Katharinas I. Beispiel als Nachfolgerin von Peter dem Großen, so bedenklich es seinerzeit auch erschien, wurde nun als Präzedenzfall betrachtet. Obwohl des Öfteren von Verschwörungen die Rede war – und von ernsthafteren Bedrohungen durch Aufstände auf dem Land –, sollte Katharina die Macht bis zu ihrem Tod standhaft verteidigen.

Gebildet, intelligent und aus dem kosmopolitischeren europäischen Adel stammend, war sie entschlossen, Reformen durchzuführen, um Russland auf westeuropäisches Niveau zu heben. Lag der wahre Fokus Peters des Großen auf dem Militär und den hierfür erforderlichen Staaten bildenden Maßnahmen, so standen für Katharina die Kultur und der Verstand einschließlich jener Programme im Mittelpunkt, die sich hieraus ergaben. In Europa war dies das Zeitalter des »aufgeklärten Despotismus«, der Selbstherrscher, die behaupteten, von der Aufklärung und ihren Werten – Vernunft, wissenschaftlicher Fortschritt, Freiheit und Toleranz – inspiriert zu sein und im Interesse ihrer Untertanen zu regieren. Oft ging es dabei dann doch eher um Despotismus und weniger um Aufklärung, und Katharina selbst hat bekanntlich einmal gesagt: »Ich werde eine Autokratin sein. Das ist mein Beruf.«

Nichtsdestotrotz präsentierte sie sich und ihr Land mit Begeisterung als europäische Macht und als die Spitze der Aufklärung. Westliche Moden und Kultur gehörten auf ihren unerschwinglich üppigen Partys und Festen zum absoluten Muss. (Im Jahr 1795 verschlangen die Ausgaben für den Hof mehr als ein Achtel des gesamten Staatshaushalts.) Doch genauso wenig, wie die Anwerbung niederländischer und englischer Schiffbauer Russland über Nacht in die Moderne katapultiert hatte, führten die Korrespondenz mit europäischen Philosophen und der Erwerb westlicher Kunstsammlungen zu einer Umformung des Staates. Ehrlich gesagt gründete ihr Ansehen weniger in dem, was sie tat, als in dem, was sie schrieb und was andere über sie schrieben.

INHALTSLEERE AUFKLÄRUNG?

Das heißt nicht, dass Katharina nichts erreichte, ganz im Gegenteil: Dies war eine Zeit bemerkenswerter Fortschritte und Möglichkeiten. Ausländische Bücher, die einst verboten oder ignoriert worden waren, wurden nun übersetzt. Impfungen gegen Pocken wurden gegen die Beschwerden vieler durchgesetzt. Katharina befürwortete religiöse Toleranz (während sie gleichzeitig die letzten Ländereien der Kirche in ihren Besitz nahm) und beendete den Einsatz von Foltermethoden (zumindest theoretisch). Zwar verliefen ihre grandiosen Pläne zur Entwicklung eines allgemeinen Bildungssystems erwartungsgemäß im Sand – nicht zuletzt, weil die Bauern darin wenig Sinn sahen –, doch entstanden in ihrer Regierungszeit neue Schulen und Universitäten, an denen sogar einige Frauen zugelassen wurden.

Doch im Zentrum ihrer Pläne herrschte Leere. Sie schien tatsächlich zu glauben, dass Freiheit und Gesetze wichtig sind und Staat wie Herrscherin einschränken müssen, wenn sie etwas bedeuten sollen. Doch war sie gleichzeitig eine unverschämte Autokratin, die nicht gewillt war, Protest oder Widerspruch zu dulden. Meinte sie es mit Legalität und Reform ernst, oder spielte sie nur eine Rolle? 1766 etwa berief sie eine Kommission zur Ausarbeitung eines neuen Gesetzbuches ein, die aus Vertretern des Adels, der Oberschicht, der Stadtbevölkerung, der Staatsbauern und Kosaken – nicht aber der Leibeigenen – gebildet werden sollte. Ihnen wurde zunächst Katharinas *Nakas* vorgelegt, eine Instruktion in 22 Kapiteln, in denen sie die Prinzipien erläuterte, die im neuen Gesetzbuch verkörpert werden sollten. Sie hatte fast zwei Jahre an diesem Dokument gearbeitet, und obwohl sie teilweise wortwörtlich von dem französischen Philosophen Montesquieu, dem italienischen Juristen Cesare Beccaria und anderen europäischen Denkern abgekupfert hatte, handelt es sich doch um eine beeindruckende und fortschrittliche Abhandlung, in der ein fortgesetztes Bekenntnis zum Absolutismus mit modernen Vorstellungen von Gleichheit und Legalismus versöhnt wurde.

Als sich die Kommission allerdings im darauffolgenden Jahr traf, wurde schnell klar, dass diese zufällige Auswahl von Bojaren und Bürgern, von Soldaten und Gutsherren, Kaufleuten und Kosaken sowohl unqualifiziert als auch uneinig und sich ihres Mandats nicht sicher war. Sie traf sich 203-mal und diskutierte über alles, von Adelsprivilegien bis zu Kaufmannsrechten, doch gelang es ihr nicht, hieraus irgendwelche Schlüsse zu ziehen oder auch nur eine einzige Empfehlung auszusprechen. Schließlich wurde die Kommission nach Ausbruch des Russisch-Türkischen Kriegs im Jahr 1768 ausgesetzt und nie wieder einberufen.

Doch heißt dies, dass sie völlig sinnlos war, nichts weiter als eine Übung in kosmetischem Konstitutionalismus? Nicht ganz. Als Erstes kann Katharina nicht allein für deren Unfähigkeit verantwortlich gemacht werden. Die Kommission war der Versuch, verschiedene Perspektiven anzuhören, und als solcher mehr als alles andere eine Gelegenheit, genau zu sehen, ob es im Land überhaupt so etwas wie Konsens gab. (Es gab ihn nicht.) Katharina erhielt Einblick in die Bedürfnisse und Sorgen sozialer Gruppen, deren Standpunkte sonst nur selten gehört wurden, Ansichten, von denen viele auf indirektem Weg in künftige Gesetzgebungsprozesse eingeflossen sind. In die Kommission wurden auch Vertreter des ländlichen Kleinadels geladen, die sich außer in Kriegszeiten meist nicht weit von ihren Gütern entfernten. Dies erinnerte die Bojaren (immer noch die Bezeichnung für die mächtigeren Adligen) daran, dass es neben ihnen noch eine andere Machtbasis gab, auf die sich Katharina stützen konnte.

MACHT UND ZIELE

Am Ende stand hinter all den vollmundigen Worten über Gleichheit eine entscheidende Neuverhandlung der Macht zwischen Staat und jenen Adligen, die weiterhin die Armee, den Staatsdienst und die Landbevölkerung beherrschten. Sie waren keine Kapitalgeber mit Vermögen in Aktien und Wertpapieren, auch waren nicht alle Staatsdiener. Ihr Reichtum gründete vielmehr weiter auf ihren Ländereien und auf den Bauern und Leibeigenen, die diese bestellten, und deshalb mussten die Leibeigenen auch Leibeigene bleiben. Als Kaiserin besaß Katharina selbst eine halbe Million von ihnen, der Staat weitere 2,8 Millionen. Sie erweiterte ihr Recht, sich bei den örtlichen Gouverneuren zu beschweren, wenn ihre Herren sie misshandelten, doch gleichzeitig gewährte sie den Landbesitzern das Recht, ihre Leibeigenen ins Exil nach Sibirien zu schicken – wie gewonnen, so zerronnen.

Während seiner Blitzkarriere als Zar hatte Peter III. eine Flut neuer Gesetze und Anordnungen erlassen, darunter das »Manifest über die Freiheit des Adels«, das die Dienstpflicht des Adels weiter aufweichte. In seinen Worten: »Kein russischer Adliger wird je dazu gezwungen werden, gegen seinen Willen zu dienen; noch wird eine Unserer Stabsstellen von ihnen Gebrauch machen, außer in Notfällen, und auch dann nur, wenn Wir persönlich sie hierzu auffordern sollten.« Als Zyniker würde man womöglich darauf hinweisen, dass hier ein schwacher Mensch in schwacher Position versuchte, sich die Unterstützung der russischen Aristokratie zu erkaufen. Auf jeden Fall fuhr auch Katharina – wohl unter der Annahme, dass eine Monarchin, die durch einen Putsch an die Macht gekommen ist, genauso gut wieder entthront werden kann – mit der Demontage von Peters Dienststaat fort.

1785 ging sie noch weiter und gab die »Charta für den Adel« heraus. Hierin wurden die Befreiung von der Dienstpflicht sowie der Besteuerung, umfassende Rechte über die Leibeigenen und das volle Erbrecht auf alle Ländereien bestätigt. Dem Adel wurde außerdem das Recht zugestanden, in allen Gubernien, Provinzen, eigene Versammlungen einzurichten. Dies war in vielerlei Hinsicht typisch für Katharina: Pflichten unter dem Deckmantel von Zugeständnissen. Sie hatte klar verstanden, dass die alleinige Fokussierung auf sie als Monarchin eines der Probleme des Reichs darstellte. Sie wollte keinesfalls die Autokratie schwächen, sie wollte sie lediglich handlungsfähiger und damit stärker

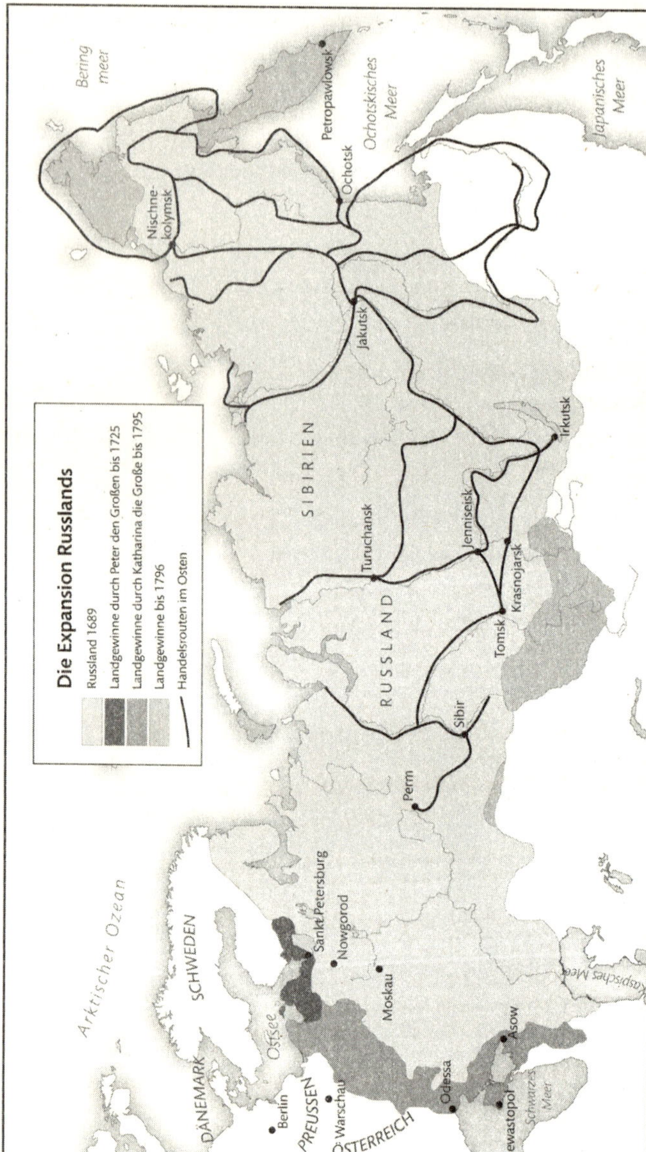

Die Expansion Russlands
Russland 1689
Landgewinne durch Peter den Großen bis 1725
Landgewinne durch Katharina die Große bis 1795
Landgewinne bis 1796
Handelsrouten im Osten
Arktischer Ozean
Beringmeer
Ochotskisches Meer
Japanisches Meer
Kaspisches Meer
Schwarzes Meer
Ostsee
SCHWEDEN
DÄNEMARK
PREUSSEN
ÖSTERREICH
RUSSLAND
SIBIRIEN
Berlin
Warschau
Sankt Petersburg
Nowgorod
Moskau
Odessa
Sewastopol
Asow
Perm
Sibir
Tomsk
Krasnojarsk
Jenniseisk
Turuchansk
Irkutsk
Jakutsk
Nischne-kolymsk
Ochotsk
Petropawlowsk

machen, indem sie vermittelnde Institutionen schuf, die alltägliche Regierungsgeschäfte erledigen sollten, statt zu verlangen, dass weiter alles über Sankt Petersburg oder einzeln ernannte Gouverneure zu laufen habe, die doch sehr empfänglich für Korruption und zudem träge waren. Im selben Jahr gewährte sie schließlich Städten eigene Privilegien, und schuf so die Strukturen einer Lokalverwaltung.

In vielerlei Hinsicht war genau dies das Wichtige an Katharinas Zeitalter der Reformen. Weder war es die eitle und geistlose Korrespondenz, noch waren es die hohlen Phrasen über die Werte der Aufklärung. Kann sein, dass Katharina die Todesstrafe ablehnte, doch drückte sie ein Auge zu, als der Bruder eines ihrer Günstlinge Peter III. ermordete; und Jemeljan Pugatschow, Anführer des größten Bauernaufstands in der russischen Geschichte – der in Anspielung auf die falschen Dmitris behauptete, Peter III. zu sein –, wurde 1775 in Moskau enthauptet und gevierteilt.

Ihre Außenpolitik war ähnlich pragmatisch, wenngleich immer von den richtigen, beschwichtigenden Worten verhüllt: »Ich sehe keine andere Möglichkeit, meine Grenzen zu verteidigen, als sie auszuweiten«, behauptete sie. Und genau das tat sie. Russlands Hoheitsgebiet wuchs während ihrer Regierungszeit um mehr als eine halbe Million Quadratkilometer. Sie führte einen aggressiven Krieg gegen Polen-Litauen und war mitverantwortlich für die drei polnischen Teilungen, durch die Russland Litauen und die größten Gebiete Ostpolens erhielt. Ein besonderes Ziel war jedoch das Osmanische Reich, da Katharina die größten expansiven Möglichkeiten für Russland im Süden sah. Den »imperialen Schritt« nach Konstantinopel hat sie zwar nie getan, doch sie besiegte die Türken in den Kriegen von 1768 bis 1774 und von 1787 bis 1792. Im Ergebnis nahm sie die Südukraine ein, und im Jahr 1783 annektierte sie »von nun an und für alle Zeiten« in einem Vorgang, der noch im 21. Jahrhundert seinen historischen Widerhall finden sollte, die osmanische Dependenz auf der Krim.

Im Innersten war die »aufgeklärte Despotin« Katharina mehr Despotin als Aufklärerin. Ihre Worte in der *Nakas* lassen daran keinen Zweifel: » Der Regent … ist selbstherrschend; keine andere als die in seiner Person vereinigte Macht kann auf eine mit der Weitläufigkeit eines so großen Reichs übereinkommende Art ihre Wirksamkeit ausüben … Eine andere Regierungsform, es sei, welche es wolle, würde für Russland nicht allein schädlich sein, sondern auch zuletzt die Ursache seines Umsturzes werden.« Doch sie war eine kluge Despotin, die verstand, dass die alten Herrschaftsformen in Russland zunehmend überholt waren. Oder wie die immer zitierbare Kaiserin es ausdrückte: »Ein großer Wind weht, und der verursacht Ihnen entweder Fantasie oder Kopfschmerzen.« Zweifelsohne konnte sie die Frage, wie Russland zu ändern sei, nicht beantworten – doch hatte sie immerhin damit begonnen, sie zu stellen.

NACH KATHARINA

Katharina starb im Jahr 1796 eines natürlichen Todes, und ihr Sohn Paul I. (reg. 1796–1801) folgte ihr auf den Thron. Das Gerücht, dass er nicht wirklich der Sohn Peters III. sei, hielt sich hartnäckig, und Katharina hatte in seiner Kindheit nur wenig Zeit für ihn gehabt. Tatsächlich hatte sie ernsthaft darüber nachgedacht, ob sie ihn in der Thronfolge nicht übergehen und seinen Sohn Alexander zu ihrem Erben erklären sollte. Seine Regierungszeit wurde von Katharinas Persönlichkeit und Legende in den Schatten gestellt. In einem pubertär anmutenden Akt der Rebellion – trotz seiner 42 Jahre, die er zum Krönungszeitpunkt bereits auf dem Buckel hatte – begehrte er gegen eine Erziehung auf, die darauf ausgelegt war, aus ihm den perfekten aufgeklärten Reformer zu machen, und verfocht stattdessen einen starren und autoritären Konservativismus.

Eilig erließ er die sogenannten Paulinischen Gesetze, womit er festlegte, dass der Thron fortan nur noch an den nächsten männlichen Erben in der Nachfolgelinie gehen sollte: keine Kaiserinnen mehr und keine Gefahr mehr, dass der eigene Sohn vor dem Vater zum Nachfolger ausgerufen werden könnte. Aus seiner Verachtung für die Aristokratie machte er kein Geheimnis, überschüttete eine Handvoll Vertraute mit Reichtümern und strafte den Rest mit Missachtung. Wie sein Vater begeisterte er sich für das Militär, doch wie dieser verstand er von echter Kriegskunst nur wenig und erging sich lieber in Paraden oder ausgeklügelten Entscheidungsprozessen über neue Uniformen.

Dabei sollte der Zustand des russischen Militärs schon bald wichtig werden. Dies war das Zeitalter der Französischen Revolution, und als überzeugter Autokrat mit einer Neigung zur Mystik (1798 wurde er zum Großmeister des Ordens des Heiligen Johannes von Jerusalem, einem Malteserorden, erklärt) stellte er sich vor, einen Kreuzzug gegen die Anarchie zu führen. 1799 erklärte er, im Verbund mit Österreich, der Türkei, Großbritannien und Neapel, Frankreich den Krieg. Doch sollte diese Koalition schon bald zerbrechen, und als Napoleon sich im selben Jahr zum »Ersten

Konsul« erklärt hatte, begann Paul über eine mögliche Allianz mit Frankreich gegen die Osmanen zu sprechen. Er plante sogar, Truppen nach Britisch-Indien zu entsenden. Der aristokratischen Elite in Russland kam es so vor, als wolle er die Welt erobern.

In den Augen gefährlicher Männer war er in einer gefährlichen Zeit gefährlich geworden. 1801 drang eine Gruppe entlassener Offiziere in sein Schlafgemach ein und versuchte, ihn zur Abdankung zu zwingen. Als er sich weigerte, erwürgten sie ihn. Wusste sein ältester Sohn Alexander, dass dies passieren würde? Sicher ist nur, dass er die Mörder nie bestrafte. Letztlich wissen wir viel über das, was Zar Alexander I. (reg. 1801–25) tat und sagte, aber es ist ungeheuer schwer zu begreifen, wer er wirklich war. Ein Liberaler? Ein Konservativer? Einer seiner Mentoren, Michail Speranski, bezeichnete ihn als »zu schwach, um zu herrschen, und zu stark, um beherrscht zu werden«. Doch in vielerlei Hinsicht kam es darauf womöglich gar nicht an, wurde doch seine Regierungszeit von den Ereignissen des Krieges mit Frankreich eingeholt. Bald schon sollte Moskau niedergebrannt werden, russische Soldaten würden in Paris stehen und die Welt sich verändern.

Das Land musste sich endlich mit Reformen auseinandersetzen. Peter der Große hatte versucht, eine Modernisierung von oben zu erzwingen, und er hatte einige Fortschritte gemacht, wenngleich sie längst nicht genügten. Katharina die Große hatte versucht, eine Modernisierung von oben anzuregen, und sie hatte einige Fortschritte gemacht, wenngleich sie längst nicht genügten. Es sollte immer deutlicher werden, dass wahrer Wandel von unten kommen musste, was sich für einige als erschreckende Aussicht erwies, für andere jedoch als aufregende Gelegenheit. Die ersten Worte im ersten Kapitel von Katharinas *Nakas* lauteten: »Russland ist ein europäisches Land.« Doch in einem ihrer Briefe an den französischen Schriftsteller Denis Diderot schrieb sie: »Ihr Philosophen habt es gut. Ihr schreibt auf Papier, und Papier ist geduldig. Ich unglückliche Kaiserin schreibe auf der empfindlichen Haut von Menschen.« Es war an der Zeit zu überprüfen, ob man die Russen nicht nur mit europäischem Zierrat ausstaffieren oder ihnen beibringen konnte, europäische Bücher zu lesen und europäische Kunst zu bewundern. Konnten sie stattdessen eine europäische Identität erwerben – auf den Gebieten sowohl der Kultur und Werte als auch der Technologie und des Handwerks –, die man auf und in ihre Häute einschrieb?

Dabei geht es nicht um jene Geschichten, die Russland dem Rest der Welt erzählte und die in Katharinas *belles lettres* an die Philosophen Westeuropas ihren Ausdruck fanden. Die echte Frage sollte lauten, welche Geschichten Russen sich selbst über sich erzählen würden. Peter und Katharina versuchten Narrative zu entwickeln, die Russland in Europa verorteten, ohne unbedingt wahrhaft darüber nachzudenken, was das bedeutete. Sie hatten diese Geschichte auch Ausländern und den eigenen Eliten erzählt. Die langsame Ausbreitung von Bildung und Alphabetisierung, das Entstehen einer Mittelschicht, die oft nach ihrem Platz in der Welt suchte, neue Einflüsse von der Französischen Revolution bis zum Marxismus: All dies sollte mit dazu beitragen, dass das 19. Jahrhundert eines wurde, in dem die Identität Russlands stärker und von mehr Akteuren denn je infrage gestellt werden sollte.

Weiterführende Lektüre: Robert K. Massies *Catherine the Great* (Head of Zeus 2012) ist eine gewaltige Biografie, die Maßstäbe setzt, wobei die Lektüre von Simon Sebag Montefiores *Katharina die Große und Fürst Potemkin. Eine kaiserliche Affäre* (S. Fischer 2009) mehr Spaß macht. Wer ihre Briefe lesen will, findet in *Catherine the Great: Selected Letters* (Oxford University Press 2018, ins Englische übersetzt von Andrew Kahn und Kelsey Rubin-Detlev)) eine gute Auswahl. Der Band *Monsieur – Madame. Der Briefwechsel zwischen der Zarin und dem Philosophen* (Manesse Verlag 1991) bietet eine deutsche Übersetzung der Korrespondenz mit Voltaire. Und dann sind da immer die Memoiren von Katharina II. (C. H. Beck 1987).

6.

»Orthodoxie. Selbstherrschaft. Volkstümlichkeit«

CHRONIK

1812	Napoleons Invasion Russlands
1826–28	Russisch-Persischer Krieg
1828–29	Russisch-Türkischer Krieg
1853–56	Krimkrieg
1855	Tod Nikolaus' I.
1861	Abschaffung der Leibeigenschaft
1881	Ermordung Alexanders II.
1904-05	Russisch-Japanischer Krieg
1905	Russische Revolution von 1905

Die Christ-Erlöser-Kathedrale, Moskau (© Mark Galeotti)

In Sichtweite des Kremls wurde die Christ-Erlöser-Kathedrale mit ihren weißen Wänden und vergoldeten Kuppeln ursprünglich von Alexander I. in Auftrag gegeben, um den Sieg Russlands über Napoleon zu feiern. Es sollte ein neoklassizistisches Bauwerk werden, das den damals im Westen vorherrschenden Stil widerspiegeln sollte. Allerdings erwies sich der zunächst vorgesehene Baugrund als ungeeignet, weshalb Alexanders Bruder Nikolaus I. (reg. 1825–55) entschied, die Kathedrale dort zu errichten, wo sie heute am Ufer der Moskwa steht. Nikolaus bevorzugte jedoch einen traditionelleren Stil, der die russische Vergangenheit und den Prunk der Hagia Sophia in Konstantinopel heraufbeschwören sollte. Der Rohbau wurde schließlich unter Zar Alexander II. fertiggestellt, der das Projekt weitgehend ignorierte, und eingeweiht wurde die Kathedrale schließlich am Vorabend der Krönung Alexanders III. im Jahr 1883. Später sollte sie unter Stalin gesprengt und in den 1990er Jahren nach den Originalentwürfen Nikolaus' wieder aufgebaut werden.

Die Kirche mit ihrem Granit, Marmor und den 20 Tonnen Gold bildet eine Metapher für den politischen Wandel und die veränderten Prioritäten im Lauf der Jahre. Alexander I. wollte zeigen, dass Russland reich und europäisch genug war, um ein gewaltiges Gebäude zu errichten, das den Geschmack der Zeit traf. Nikolaus I. wollte demonstrieren, dass Russland nicht mit seinen Nachbarn mithalten musste und an traditionellen Stilen und einer imperialen Ästhetik festhalten konnte. Und Alexander II. war mit anderen Dingen beschäftigt und befasste sich weniger mit Kirchen als mit Fabriken, Gerichtsgebäuden und Schulen.

Sollte Russland einfach versuchen, wie das Ebenbild einer westlichen Macht auszusehen, ohne tatsächlich eine zu sein? Sollte es seinem eigenen Stil treu bleiben? Sollte es versuchen, das Wesen der Modernisierung zu erfassen, statt sich mit ihren Erscheinungen zufriedenzugeben? Napoleons Invasion von 1812 wurde vor allem aufgrund logistischer und demografischer Faktoren aufgehalten und zurückgeschlagen, Russland jedoch glaubte bewiesen zu haben, dass es stärker war, als alle angenommen hatten. Dies war die perfekte Ausrede, um die soziale, politische und wirtschaftliche Modernisierung, die Russland dringend benötigte, aufzuschieben. Schließlich würde jede Reform Ungewissheiten und Unruhen mit sich bringen, wie Alexanders II. Regierungszeit zeigen sollte.

Das 19. Jahrhundert war also eines der widerstreitenden

Mythen, die Russland alle direkt an Europa banden. Für Reformer musste es westlicher werden. Für Konservative musste es den Westen ablehnen, wollte es Chaos vermeiden. Gleichzeitig suchten Revolutionäre zunehmend nach Ideologien, die in Europa erdacht worden waren, und sahen in ihnen magische Lösungen, die Russland irgendwie an die vorderste Front der gesellschaftlich und wirtschaftlich fortschrittlichen Nationen katapultieren könnten. Unwillig, die Veränderungen zu akzeptieren, die Europa neu formten, genauso unwillig, den Ausschluss aus Europa zuzulassen, wurde Russland von den Widersprüchen in jenen Geschichten zerrissen, die es sich von sich selbst erzählte.

GENERAL WINTER UND MÜTTERCHEN RUSSLAND

Russlands 19. Jahrhundert wurde in vielem von Napoleons Entscheidung definiert, das Land im Jahr 1812 zu überfallen. Der folgende Krieg – von den Russen »Vaterländischer Krieg« genannt – war für sie schrecklich, und der letztlich errungene Sieg veränderte das Land von Grund auf. Alexander I., der Zar, von dem einer seiner Zeitgenossen sagte, er »klopfte sozusagen an jede Tür, weil er seinen eigenen Verstand nicht kannte«, hatte sich zunächst gegen Frankreich gestellt, dann aber mit demselben im Frieden von Tilsit eine Allianz geschmiedet, die wiederum scheitern musste, als Napoleon 1810 sein Versprechen, Russland gegen die Osmanen zu unterstützen, nicht halten konnte. Der französische Kaiser war ein Mann, der, aus persönlichen oder politischen Gründen, immer weitergehen musste, bis er 1812, in einem schicksalhaften Akt der Selbstüberschätzung, seine *Grande Armée*, die größte Expeditionsarmee, die die Welt bis dahin gesehen hatte, nach Russland führte. Es sei an der Zeit, hat Napoleon angeblich gesagt, »es den Barbaren im Norden ein für alle Mal zu zeigen. Man muss sie in ihre Eiswüsten zurücktreiben, damit es ihnen auf 25 Jahre nicht mehr in den Sinn kommt, sich in die Angelegenheiten des zivilisierten Europas einzumischen.«

Napoleons Armee aus französischen Veteranen, polnischen Lanzenreitern, österreichischen Grenadieren und piemontesischen Scharfschützen sollte in Russland zerstört werden. Dies lag zum Teil am hartnäckigen Widerstand der Russen, jedoch auch an den traditionellen Verbündeten des Landes, »General Winter« und der unermesslichen Weite Mütterchen Russlands. Angesichts eines Gegners, der fähig und willens war, aus der schieren Größe des Landes die größtmöglichen Vorteile zu ziehen und sich vor anrückenden Truppen zurückzuziehen, dabei die eigene Ernte zu verbrennen und die eigenen Brunnen zu zerstören, wurde Napoleon zunehmend wütender. Die Russen waren nicht willens, nach seinen Regeln zu spielen. Und schließlich, bei Borodino westlich von Moskau, hielten sie und kämpften. Am blutigsten Schlachttag der Napoleonischen Kriege verloren sie im vernichtenden Sperrfeuer der gegnerischen Kanonen vielleicht ein Drittel ihrer Armee. Und doch gelang ihnen ein ordentlicher Rückzug. Anschließend verließen die Russen sogar Moskau, weigerten sich jedoch, zu kapitulieren.

Napoleon wartete einen ganzen Monat in Russland ab, sicher, dass die Russen um Frieden bitten würden. Als sie dies nicht taten und die Lebensmittelvorräte seiner Männer und das Futter für seine Pferde immer weniger wurden, sah er sich gezwungen, sich zurückzuziehen. Gehetzt von überfallartigen Angriffen der Kosaken, von wütenden Bauern in Hinterhalte gelockt, von Hunger und Krankheit heimgesucht, schrumpfte die *Grande Armée* mit jedem Schritt ihres Rückzugs, während Napoleon ihr voran nach Paris stürmte, verzweifelt bemüht, seine Stellung zu wahren und die Niederlage in einen Sieg zu verdrehen. Von den 685 000 Männern, die in Russland einmarschiert waren, stolperten gerade einmal 23 000 lebendig wieder heraus.

Der Krieg war noch nicht zu Ende, doch das Momentum hatte sich gegen Napoleon gedreht. Mit der Aussicht auf einen Sieg schlossen sich Preußen und Österreich Russlands Zug nach Westen an, und der Herzog von Wellington führte seine britischen, spanischen und portugiesischen Truppen über die Pyrenäen nach Frankreich. Im Jahr 1814 dankte Napoleon ab und ging ins Exil nach Elba (von wo er 1815 kurz zurückkehren sollte, aber das ist eine andere Geschichte). Frankreich wurde um die Gebietsgewinne der letzten 20 Jahre gebracht, der Zar konnte seinem Reich Teile Finnlands und Polens einverleiben, und russische Offiziere durften auf den Champs-Élysées auf ihren Sieg anstoßen.

NACH DEM ANTICHRISTEN

Vor dem Krieg hatte der stets launenhafte Alexander erst mit Reformen geliebäugelt und sogar den Vorschlag gewagt, dass Kandidaten für höhere Regierungsämter Prüfungen ablegen sollten. Doch dann geriet er unter den Einfluss des Grafen Alexei Araktschejew. Als skrupelloser Eiferer von vorhersehbar übler Laune und unvorhersehbar bösartigen

Anwandlungen – das schöne Lied der Nachtigall brachte ihn zum Weinen, doch anschließend ließ er alle Katzen in der Umgebung töten, damit die Vögel ihnen nicht zum Opfer fielen – ermutigte Araktschejew den Zaren Alexander, den mystischen Messianismus seines Vaters zu übernehmen. Die Französische Revolution hatte in Europa eine Welle des Radikalismus losgebrochen und schließlich den Aufstieg Napoleons ermöglicht. In Alexanders Gedankenwelt erschien die darauffolgende Anarchie, der sich Europa gegenübersah, fast wie eine satanische Bedrohung (als ein russischer Wissenschaftler mittels kabbalistisch-numerologischer Analyse bewies, dass die Buchstaben in der Phrase »L'Empereur Napoléon« 666 ergeben, »die Zahl des Tieres«, ließ ihn dieser Gedanke nicht mehr los) und ein Sieg über sie wie ein Triumph der gerechten Ordnung.

Ein Sieg, der auch die Stärke des russischen Staates zu untermauern schien. Das 18. Jahrhundert war von dem Gedanken beherrscht gewesen, wie man Russland modernisieren, wie man mit dem Westen mithalten könne – und wie gefährlich dies für die bestehende Ordnung werden könnte. Würde der Aufstieg der »Neuen Männer« in den Regierungsapparat die Aristokratie verdrängen? Würde eine Bildungsoffensive revolutionäres Gedankengut fördern? Der Sieg über Napoleon wurde zu einem willkommenen Mythos über die grundlegende Gesundheit des Systems. Nach Borodino schrieb Napoleon, »die Franzosen zeigten sich in ihr würdig, den Sieg zu erringen, die Russen aber erwarben das Recht, unbesiegbar zu sein«. Dies war zweifellos ein vergiftetes Vermächtnis an seine Bezwinger: Gefährlich sind die Tage, an denen ein Regime versucht, sich von seiner eigenen Unbesiegbarkeit zu überzeugen.

Umso mehr, wenn einige seiner besten und hellsten Köpfe die absolut gegenteilige Schlussfolgerung daraus ziehen. Seit den Tagen Katharinas galten die französische Sprache, Frankreichs Literatur und Ideen als der Höhepunkt jeder Kultiviertheit. Viele junge Offiziere, die der gebildeten Elite entstammten, schwärmten von den Idealen des revolutionären Zeitalters, denen sie in Frankreich tatsächlich begegnet waren. Die frühen Jahre von Alexanders Regierungszeit hatten die Hoffnung genährt, der Wandel werde nach Russland kommen – eine Hoffnung, die von der darauffolgenden konservativen Reaktion enttäuscht wurde. Geheime Gesellschaften, radikale Splittergruppen und konspirative Bewegungen hatten unter der geordneten Oberfläche des Regimes regen Zulauf, einige von ihnen traten für eine konstitutionelle Monarchie ein, andere forderten einen ausgesprochenen Republikanismus. In den 1820er Jahren hatten sie schließlich ihre gemeinsame Sache gefunden. Sie kamen darin überein, dass ihre einzige Chance in einem gewaltsamen Umsturz bestand. Sie hatten sich sogar schon auf ein Datum im Dezember 1825 geeinigt.

Doch dann starb Alexander gnädigerweise an Typhus, weniger als einen Monat bevor sie losschlagen wollten.

DER SOLDATENZAR

Doch warum sollte man einen guten Umsturzplan einfach so begraben? Sie beschlossen, ihn weiterzuverfolgen, als der neue Zar, Nikolaus (reg. 1825–55), gekrönt wurde, stellten mit ihrem Tun jedoch erst einmal nur sicher, dass dieser seine Regierungszeit der Verteidigung des Status quo widmen sollte. Russlands Geschichte ist voll von dieser Form tragischer Ironie.

Nikolaus war nicht einmal als Zar vorgesehen. Alexander hatte keine legitimen Erben hinterlassen, sondern lediglich zwei Brüder. Der Jüngere, Nikolaus – Nikolai –, war als Soldat ausgebildet worden, weil Großfürst Konstantin, Gouverneur von Polen, in der Thronfolge vor ihm stand. Doch Konstantin hatte 1820 eine katholisch-polnische Gräfin geheiratet und deshalb seinen Thronanspruch heimlich aufgegeben. Schließlich akzeptierte der pflichtbewusste, tatkräftige und fantasielose Nikolaus die Krone genau in dem Augenblick, als die liberalen Verschwörer herbeieilten und versuchten, die Initiative zu übernehmen. Bei der als Dekabristenaufstand bezeichneten Revolte von 1825 zogen etwa 3000 junge Armeeoffiziere und ihre Mitstreiter auf die Straßen Sankt Petersburgs. Sie forderten eine Verfassung, sie wollten Reformen – doch sie bekamen Nikolaus. Mit Kanonen wurden sie vom Sankt Petersburger Senatsplatz vertrieben, zarentreue Truppen trieben die Überlebenden mit vorgehaltenen Bajonetten zusammen, und die meisten wurden nach Sibirien verbannt. Der neue Zar sollte mit Gewalt an die Macht gelangen, und er sah seine Rolle von Beginn an darin, als Soldat an der Front gegen Anarchie und Aufruhr zu stehen. Für ihn bestand kein Widerspruch zwischen seiner Ansicht, wonach ein Autokrat »sanft, höflich und gerecht« zu sein habe, und dem Aufbau eines Polizeistaats, in dem liberale Schriftsteller ebenso skrupellos unterdrückt wurden wie radikale Denker.

Er sah auf sein Reich, als wäre es eine Armee. Wie eine Armee benötigte es Disziplin, und in Zeiten revolutionärer Stimmung brauchte es etwas, was es zusammenhielt. Infolge des Dekabristenaufstands, der zum Teil als Produkt eines gefährlichen, vom Ausland inspirierten, von der gebildeten Jugend begrüßten Freidenkertums betrachtet wurde, fiel Sergei Uwarow als Bildungsminister die Aufgabe zu, hierauf eine Antwort zu geben. Im Jahr 1833 stellte er die Idee einer »offiziellen Volkstümlichkeit« vor, eine Doktrin, die behauptete, Russlands traditionelle Werte seien gegen ausländische Begriffe zu verteidigen. Die hierfür gewählte Formel lautete »Orthodoxie. Selbstherrschaft. Volkstümlichkeit«.

Sich auf Russlands Rolle als letzten wahrhaft orthodoxen Staat zu stützen war nichts Neues, doch nach einem Jahrhundert, in dem man der Vorstellung das Wort redete, über die Tradition hinausgehen und den Rationalismus des Westens annehmen zu wollen, wurde dies zur Rechtfertigung des genauen Gegenteils. »Europa« war nun eine Quelle der Verunreinigung, von der Nikolaus behauptete, dass sie weder in Einklang mit dem Charakter noch den Gefühlen der russischen Nation sei. Gott wolle, dass Russland weiterhin Russland bleibe und nicht zu einer fahlen Kopie Westeuropas werde. Dies zu gewährleisten sei die Aufgabe der Autokratie, die von jeglichem Konstitutionalismus ungetrübt bleiben sollte. Dies lief jedoch nicht auf Tyrannei um ihrer selbst willen, sondern auf eine Regierungsform hinaus, die man in Abgrenzung zu Katharinas Ideal als unaufgeklärten Despotismus bezeichnen könnte: auf eine starre Zentralgewalt im Namen des Gemeinwohls. Im Streben nach nationaler Einheit und einer Loyalität allein dem Zaren gegenüber sollten alle seine Untertanen den einen Glauben annehmen und einheitliche Werte vertreten. Es begann das Zeitalter der »Russifizierung«, als der katholischen Kirche in Polen neue Beschränkungen auferlegt und Polen, Ukrainer, Litauer und Bessaraber angehalten wurden, Russisch zu lernen.

Astolphe-Louis-Léonor, Marquis de Custine, war ein liberaler französischer Adliger, der durch ein Russland reiste, das ihn eindeutig abstieß, und er war der Meinung, »dieses Reich, so unermesslich es auch sein mag, ist nichts als ein Gefängnis, zu dem der Herrscher den Schlüssel hat«. Die Tragik dabei war, dass der Zar, der als Verkörperung des vernunftlosen Zuchtmeisters, des humorfreien Verteidigers einer sterbenden und despotischen Ordnung in die Geschichte eingehen sollte, alldem im Grunde genommen zutiefst skeptisch gegenüberstand. Er glaubte aufrichtig an sein göttliches Recht zu herrschen, war jedoch gleichzeitig der Überzeugung, dass dies von ihm verlange, hart zu arbeiten und sich seiner Verantwortung gegenüber Russland und dem Göttlichen bewusst zu sein. Er schuf das Spezialkorps der Gendarmen und eine furchterregende Geheimpolizei, die sogenannte Dritte Abteilung der eigenen Kanzlei seiner Kaiserlichen Majestät, und stellte beide unter das Kommando Alexander Benckendorffs. Und doch sah der Zar diese Behörden als Beschützer des Volkes, das sie zu seinem eigenen Besten überwachten. Bekanntermaßen überreichte Nikolaus Benckendorff ein Taschentuch mit der Anordnung, damit die Tränen seiner Untertanen abzuwischen. Er beaufsichtigte zudem ein Zensursystem, das oft ans Absurde grenzte – in einigen Kochbüchern wurden Anspielungen an »frische Luft« gelöscht, da sie zu subversiv klangen, und sowohl Alexander Puschkin als auch Fjodor Dostojewski, zwei feste Größen des russischen literarischen Kanons, sollten mit der Dritten Abteilung in Konflikt geraten. Dennoch wurde die Existenz des Systems als notwendig angesehen, um der Flut an zerstörerischen Ideen aus dem Westen Einhalt zu gebieten.

Er war kein ausschweifender Zar und zeigte sich mit der Zeit zunehmend desillusioniert von der Trivialität und dem Prunk höfischer Vergnügungen. Er gab sich auch sicher keinen Illusionen über die Aristokratie hin. Einer Legende zufolge sagte er seinem zehnjährigen Sohn Alexander: »Ich glaube, du und ich sind die einzigen Menschen in Russland, die nicht stehlen.« Tatsächlich war an seiner Regierungszeit bemerkenswert, wie viele Generäle in Ministerien berufen wurden und wie viele deutschbaltische Adlige (wie Benckendorff) von den nordwestlichen Rändern des Reichs in Schlüsselpositionen aufstiegen. Er hatte das Gefühl, in der Hoffnung auf ehrliches und leistungsfähiges Personal außerhalb des üblichen Pools an Beamten und Adligen suchen zu müssen. Traurigerweise glückte auch das nicht immer.

Am bemerkenswertesten war aber, dass Nikolaus die Institution der Leibeigenschaft missbilligte. Während seiner Regentschaft sollte er eine Reihe geheimer Kommissionen einberufen, die versuchen sollten, die Quadratur des Kreises zu bewerkstelligen: Wie konnte man ein System der Landsklaverei abschaffen, das ineffizient, unmenschlich und Ursache wiederkehrender Aufstände war, ohne gleichzeitig die gesamte gesellschaftliche Ordnung zu destabilisieren und ohne den Landadel, jene Grundherren, die das Rückgrat der zaristischen Ordnung auf dem Land darstellten, zu verprellen? Nikolaus erwies sich als mutig, sobald er sich physischen Gefahren stellen musste, doch traute er sich nie, diese Herausforderung anzugehen, und schloss: »Es besteht kein Zweifel daran, dass die Leibeigenschaft in ihrer gegenwärtigen Verfassung ein Übel ist, doch zu versuchen, sie jetzt auszulöschen, wäre eine Angelegenheit von noch schrecklicherem Übel.« Und warum sollte er das Risiko auch auf sich nehmen? Hatte nicht der Sieg über Napoleon bewiesen, dass das russische System, so rückwärtsgewandt es auch scheinen mochte, stark genug war, um zu triumphieren und zu überleben? Das zumindest redeten sich die russischen Herrscher so lange wie möglich ein.

DER GENDARM EUROPAS

Eine Weile ging das tatsächlich noch gut. Die meiste Zeit seiner Regierung war Nikolaus ein erfolgreicher Kriegszar. Sicherlich steckte er Leidenschaft, Zeit und exzessive Mengen an Geld in das russische Militär. Seine Armee wuchs – bei einer Gesamtbevölkerung von 60 bis 70 Millionen – auf eine Million Soldaten an, doch erst später sollte deutlich werden, dass er Schliff und Glanz mit echter Kampftauglichkeit verwechselt hatte.

Wie Alexander glaubte auch Nikolaus, dass das Eintreten für die traditionelle Ordnung eine internationalistische Pflicht sei. Während seiner Regierungszeit sollte er Russland für den Enthusiasmus, mit dem er befreundeten Monarchen dabei half, das Feuer der Revolution auszutreten, als »Gendarm Europas« bekannt werden. Im Jahr 1831 schlug seine Armee einen Aufstand in Polen nieder, der ausgelöst worden war, weil Russland die Grundrechte im Land widerrufen hatte. War Polen zuvor ein abhängiges Königreich mit eigenem Parlament, so wurde es nun zu einer bloßen Provinz mit Gouverneur herabgestuft. Als 1848 in ganz Europa eine Reihe von Revolutionen losbrachen, sollten Russlands Truppen wieder im Namen des Status quo marschieren, obwohl das Land gleichzeitig an einer Hungersnot litt, die durch ungewöhnlich schlechte Ernten und eine Choleraepidemie ausgelöst worden war. Nachdem er bereits den Österreichern geholfen hatte, den Aufstand in der freien Stadt Krakau niederzuschlagen, brach Nikolaus 1848 die Nationalbewegung Moldawiens und entsandte seine Armeen, um das Habsburgerreich bei der Niederschlagung der ungarischen Revolution von 1849 zu unterstützen.

Wieder blickte der doppelköpfige Adler in beide Richtungen. Nikolaus war einerseits fest entschlossen, Europa vor den in seinen Augen gottlosen und illegitimen Tändeleien mit dem Liberalismus zu retten. Andererseits schirmte er Russland gegen europäische Ideen ab. Er war sich der wissenschaftlichen und technologischen Fortschritte des Westens bewusst und wollte jene Elemente übernehmen, die nützlich erschienen, während er die sozialen, politischen und gesetzlichen Kontexte, denen sie entstammten, ignorierte. Ohne aufstrebende Kaufmannsklasse, die Investitionskapital erwirtschaftete, ohne eine freie und offene Debatte an Universitäten und in gebildeten Kreisen, die in neue Ideen mündete, und ohne größere soziale Mobilität, die Gruppen von Reformern und Skeptikern hervorbrachte, würde Russland immer rückständig bleiben und verzweifelt versuchen, die Erfindungen der anderen zu übernehmen und den eigenen Bedürfnissen anzupassen.

Dies spielte so lange keine Rolle, wie Nikolaus' Armeen lediglich gegen Randalierer eingesetzt wurden, ja selbst dann noch nicht, als es sich um persische und türkische

Feinde handelte. Es sollte aber umso wichtiger werden, als sie sich auf der Krim plötzlich im Kampf gegen Briten und Franzosen wiederfanden – die beiden fortschrittlichsten Militärmächte der Zeit. Diesen Krieg hatte Nikolaus nie gewollt, und er wurde paradoxerweise aufgrund seines Verlangens ausgelöst, den europäischen Status quo zu bewahren.

Trotz westlicher Darstellungen, die ihn auf eine weitere Verkörperung des russischen Bären reduzierten, der darauf aus ist, sich Gebiete im Süden und Südwesten einzuverleiben, glaubte er selbst im Wesentlichen, für stabile Verhältnisse zu kämpfen. Was Russlands alten Rivalen, das Osmanische Reich, anging, war dies eine echte Herausforderung. Zwischen beiden gab es traditionell böses Blut, nicht zuletzt, weil die muslimischen Türken christlich-orthodoxe Gebiete (und das »Zweite Rom«, Konstantinopel) besetzt hatten. Nikolaus befürchtete jedoch, dass jeglicher ernsthafte Druck auf dieses im Niedergang befindliche Reich das Risiko barg, es gänzlich zum Einsturz zu bringen, was wiederum Chaos in Südosteuropa verbreiten, die osmanischen Alliierten Frankreich und Großbritannien verärgern und den eigenen Verbündeten Österreich befremden würde. Lieber wollte er die Osmanen so schwach halten, dass sie keine Bedrohung darstellten – und irgendwann sogar russische Vasallen würden – und doch stark genug blieben, um ihr zerrüttetes Reich zusammenzuhalten. Nikolaus musste zudem sicherstellen, dass das Durchfahrtsrecht durch die Meerengen der Dardanellen und des Bosporus gewahrt blieb, da diese für Russland entscheidende Handelsrouten, insbesondere für seine Getreideexporte, darstellten.

Die Griechen hatten seit 1821 für ihre Unabhängigkeit

gekämpft, und weil man den Kollaps des Osmanischen Reichs fürchtete, zwangen Briten und Franzosen es 1827 im Verein mit Russland, Griechenland wenigstens Autonomie zu gewähren. Bei Navarino schlugen die alliierten Flotten eine zahlenmäßig überlegene, jedoch veraltete osmanische Marine entscheidend, doch Sultan Mahmud II. war immer noch nicht gewillt, einzulenken. Er schloss die Dardanellen für den russischen Schiffsverkehr. Als Antwort schickte Nikolaus 100 000 Mann ins Feld und zwang die Osmanen 1829 nach einigen heftigen Kämpfen, um Frieden zu bitten.

VERHÄNGNISVOLLE KRIM

Letztlich ging es in der »östlichen Frage« jedoch weniger um die Türkei als um europäische Großmachtpolitik. Großbritannien fürchtete russische Expansionsbestrebungen: Sowohl London als auch Sankt Petersburg interpretierten die ungeschickt-kurzfristigen Antworten des Rivalen auf eine chaotische Welt als tückische Langzeitstrategie. Frankreichs neu gekrönter Kaiser Napoleon III. war auf Ruhm aus. Die Osmanen hatten vor Russland Angst. Und Nikolaus fürchtete nicht nur, aus dem Mittelmeerraum ausgesperrt zu werden, er ärgerte sich zudem über eine von ihm so empfundene Doppelmoral des Westens. Diese Gefühle gab der russische Gelehrte Michail Pogodin angemessen wieder, als er schrieb, »wir können vom Westen nichts anderes erwarten als blinden Hass und Böswilligkeit«.

Ein Streit über die Rechte von Christen im von den Osmanen besetzten Heiligen Land brachte Nikolaus dazu, sich als Wächter der dortigen orthodoxen Gemeinde in

Szene zu setzen. Versuche, zu einer Einigung zu kommen, scheiterten, und im Jahr 1853 erklärten die Osmanen – im Glauben, sie hätten die Unterstützung Großbritanniens und Frankreichs – Russland den Krieg. Dieser begann für sie denkbar schlecht, als russische Truppen über die Donau nach Rumänien einmarschierten und russische Schiffe bei Sinope ein Marinegeschwader zerstörten. Weil sie den Zusammenbruch des Osmanischen Reichs fürchteten, eilten französische und britische Truppen auf den Balkan, als sich die Russen gerade zurückzogen.

Da die westeuropäischen Armeen jedoch in der Heimat bereits chauvinistische Gefühle geweckt hatten, konnten es sich ihre Regierungen kaum erlauben, untätig zu bleiben, oder, wie Karl Marx und Friedrich Engels es ausdrückten: »Da sind die Franzosen, die nichts tun, und die Briten, die ihnen dabei so viel wie möglich helfen.« Also entschieden sie, ihre Aufmerksamkeit auf die Halbinsel Krim mit Russlands wichtigstem Schwarzmeer-Stützpunkt Sewastopol zu richten. Es kostete die verbündeten Streitmächte fast ein Jahr, die Stadt in einem Krieg einzunehmen, der auf beiden Seiten gleichermaßen von Inkompetenz und Mut gekennzeichnet war. Der berüchtigte »Todesritt der leichten Brigade«, als eine britische Kavallerie aufgrund einer Fehlkommunikation direkt vor russische Kanonenrohre geführt wurde, war in vielerlei Hinsicht der Inbegriff von beidem.

Nichtsdestotrotz erwies sich dieser Krieg als Wendepunkt für Russland, wenngleich Nikolaus selbst dies nicht mehr begreifen konnte. Er starb im Jahr 1855, während Sewastopol belagert wurde, und mit ihm, so schien es, starb die beruhigende Vorstellung, dass Russland, so rückständig es auch sein mochte, nicht in Gefahr war. Mit Dampfschiffen konnten die britischen und französischen Streitkräfte schneller aufgestockt und mit Nachschub versorgt werden als die russischen zu Fuß, obwohl diese auf eigenem Boden kämpften. Die Reichweite der Gewehre, die die britischen und französischen Infanterieregimenter benutzten, war höher als diejenige der veralteten russischen Kanonen. Das Genie einiger zaristischer Generäle und der stoische Mut in vielen ihrer Truppen konnten die Tatsache nicht verbergen, dass es der russischen Leibeigenenarmee an Feuerkraft mangelte, sie ungenügend ausgebildet war und oft schlecht geführt wurde. Sie war in jeder Hinsicht eine Metapher für die sozialen, wirtschaftlichen und technologischen Zustände im Land.

Der Krieg sollte sich als Katalysator für das möglicherweise ehrgeizigste Projekt zum gesellschaftlichen Wandel erweisen, das Russland bis dato gesehen hatte. Der neue Zar, Nikolaus' Sohn Alexander II. (reg. 1855–81), bat schnell um Frieden und richtete seine Aufmerksamkeit landeinwärts. Russland war es nicht gelungen, sich den neuen Zeiten anzupassen, und dieses Scheitern barg die Gefahr, in einem Zeitalter des aggressiven Imperialismus und eines sich verändernden europäischen Mächtegleichgewichts auf Dauer angreifbar zu bleiben. Die Leibeigenen wollten ihr Land, hatten aber keine Antwort darauf, was dies aus einem Reich machte, das von seinem Landadel abhing. Die Befürworter einer Verwestlichung strebten eine konstitutionelle Monarchie und Industrialisierung an, hatten jedoch keine Antwort darauf, was dies für Russland bedeutete. Die konservativen Slawophilen hielten an der Vorstellung fest, dass die russische Kultur von westlicher Dekadenz gereinigt werden müsse, hatten jedoch keine Antwort darauf, wie dies

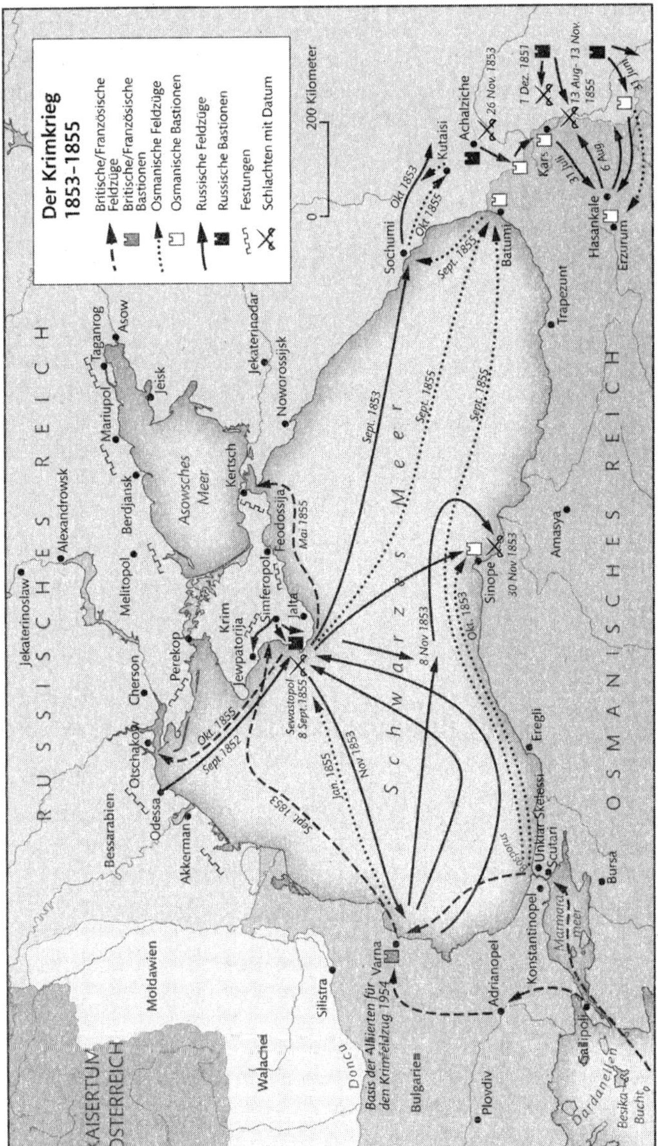

Der Krimkrieg
1853–1855
Britische/Französische Feldzüge
Britische/Französische Bastionen
Osmanische Feldzüge
Osmanische Bastionen
Russische Feldzüge
Russische Bastionen
Festungen
Schlachten mit Datum
0
200 Kilometer
RUSSISCHES REICH
OSMANISCHES REICH
KAISERTUM ÖSTERREICH
Schwarzes Meer
Asowsches Meer
Marmarameer
Dardanellen
Bosporus
Donau
Moldawien
Walachei
Bulgarien
Bessarabien
Krim
Jekaterinoslaw
Alexandrowsk
Cherson
Melitopol
Berdjansk
Mariupol
Taganrog
Asow
Jeisk
Jekaterinodar
Noworossijsk
Kertsch
Feodossija
Simferopol
Jalta
Jewpatorija
Perekop
Otschakow
Odessa
Akkerman
Sewastopol
8 Sept. 1855
Silistra
Varna
Basis der Alliierten für den Krimfeldzug 1954
Adrianopel
Plovdiv
Konstantinopel
Gallipoli
Besika-Bucht
Unkiar Skelessi
Scutari
Bursa
Eregli
Sinope
30 Nov 1853
Amasya
Trapezunt
Batumi
Sochumi
Kutaisi
Achalziche
26 Nov. 1853
1 Dez. 1851
Kars
13 Aug.–13 Nov. 1855
Hasankale
Erzurum
31 Juli
6 Aug
31 Juni
Sept. 1853
Sept. 1852
Okt. 1855
Jan. 1855
Nov 1853
8 Nov 1853
Okt. 1853
Sept. 1855
Mai 1855
Okt 1853
Okt. 1855

mit notwendigen Erneuerungen in Einklang gebracht werden könnte. Alle waren sich darin einig, dass etwas getan werden musste – wie Tolstoi es ausdrückte, »Russland muss entweder fallen oder transformiert werden« –, doch über die Richtung herrschte keine Einigkeit. Alle Blicke waren auf Alexander gerichtet.

BEFREIUNG LIGHT

Schon vor seiner Krönung stellte Alexander klar, dass er bereit war, sich den Schwierigkeiten, denen Nikolaus ausgewichen war, zu stellen. Er erklärte, es sei »besser, die Leibeigenschaft von oben her abzuschaffen, denn zu warten, bis sie sich von unten her selbst abschafft«. Reformen waren notwendig, einerseits, um einer Revolution zuvorzukommen, andererseits, um zu vermeiden, dass ausländische Mächte wie einst Polen und Schweden zu denken anfingen, man könne sich in die russische Politik einmischen. Allerdings würden diese Reformen von oben herab geleitet werden, um sicherzustellen, dass sie nicht über das Ziel hinausschossen. Und überhaupt, wem sonst außer dem Zaren konnte man in einem Land, dessen Bauernschaft politisch rückständig war, das so gut wie keine Mittelschicht besaß und dessen Aristokratie von Eigeninteressen geleitet wurde, diesen Schritt zutrauen?

Doch all dies bedeutete, dass Alexanders Reformen zwei verhängnisvolle und unüberwindliche Paradoxa anhafteten. Das erste hatte mit der Gewährung von Freiheitsrechten zu tun. Gleichheit vor dem Gesetz, eine konstitutionelle Monarchie und dergleichen bedeuteten eine Herausforderung für Alexanders Glauben, eine starke Exekutive sei vonnöten, um die Reformen voranzutreiben. Schließlich ging es hier zu großen Teilen ausdrücklich darum, die unbeschränkte Macht von Staat und Zar zu begrenzen. Und so wurden die politischen Kräfte, die aus diesen Reformen hervorgingen, bald schon vor die Wahl gestellt: entweder dem Staat zu dienen und die Fähigkeit, unabhängig zu handeln, aufzugeben oder als subversive Elemente behandelt zu werden. Das zweite Paradox hatte mit der Durchführung der Reformen zu tun. Hierbei war Alexander von der Staatsbürokratie und dem Adel abhängig, also von genau jenen Leuten, deren Interessen hier auf dem Spiel standen, und er konnte es sich nicht leisten, sie vor den Kopf zu stoßen.

Nichtsdestotrotz verdiente sich Alexander seinen Beinamen als »Zar-Befreier«. Er begnadigte politische Gefangene, lockerte die Zensur, stellte die Unabhängigkeit der Universitäten wieder her, schuf unabhängige Gerichte und ließ eine bedeutende Anzahl von Armenschulen errichten. Mit dem Kernstück seiner »Großen Reformen« beabsichtigte er, die landwirtschaftliche und gesellschaftliche Grundlage des Landes umzugestalten: Er befasste sich endlich mit dem Problem der Leibeigenschaft. Immerhin waren 46 Millionen der 60 Millionen Untertanen des Zaren weiterhin Leibeigene, und als solche waren sie schlechte Verwalter der Ländereien, die ihnen nicht gehörten, und gleichgültige Soldaten eines Staatswesens, das sie nicht respektierten. Im Jahr 1861 versprach das Dekret zur Emanzipation, all das zu ändern und die Leibeigenen je nach Status innerhalb der nächsten zwei bis fünf Jahre zu befreien. Was diese jedoch wirklich wollten, waren Grund und Boden, und das war der Haken an der Sache. Hätte man ihnen einfach erlaubt, das Land, das sie bisher bestellt hatten, in ihren Besitz zu nehmen, hätte dies einen Großteil des Landadels auf einen Schlag in den Ruin getrieben. Deshalb wurden die Leibeigenen gezwungen, es ihnen abzukaufen und in den folgenden 49 Jahren »Befreiungsschulden« abzubezahlen.

Dies war der klassische Fall eines Kompromisses, der niemanden zufriedenstellte. Die Leibeigenen hatten seit Generationen von dem Tag geträumt, an dem ihr »Väterchen« in Sankt Petersburg sie endlich befreien würde, doch ihre anfängliche Begeisterung schlug schnell in Wut um, als sie begriffen, dass sie das Land, das ihnen in ihren Augen moralisch zustand, das sie sich mit Blut und Schweiß verdient hatten, würden kaufen müssen – und zwar zu Preisen, die sie sich oft nicht leisten konnten. Allein im Jahr 1861 musste die Armee mehr als einmal pro Tag gerufen werden, um Tumulte und Proteste zu unterbinden. Und die Landbesitzer waren auch nicht viel glücklicher. Viele von ihnen standen in der Schuld des Staates, und das Geld, das sie für das Land erhielten, ging oft direkt an die Regierung. Da die Bauern mit ihren Zahlungen oft nicht hinterherkamen, versiegte in vielen Fällen auch diese Einnahmequelle. Und als ob dies nicht genug wäre, bedeutete die mit der Bauernemanzipation einhergehende Schaffung gewählter lokaler Selbstverwaltungseinheiten – *Semstwos* genannt –, dass vom Landadel zusätzlich erwartet wurde, in den Regionen staatliche Aufgaben – von der Steuereintreibung bis zur Rechtsprechung – zu übernehmen.

Gleichzeitig stieg eine neue Klasse auf. Städte begannen zu expandieren, und mit ihnen vergrößerte sich die Kaufmannsklasse. Auch die Beamtenschaft wuchs, seit viele der

Aufgaben, die zuvor von Gutsherren und Leibherren erledigt worden waren, professionalisiert wurden. Gleiches geschah an den Universitäten. Zwischen 1860 und 1900 wuchs die Anzahl an entsprechend ausgebildeten Russen von 20 000 auf 85 000. Dies war immer noch ein verschwindend geringer Teil der Bevölkerung, doch zum ersten Mal begann sich aus dieser Mittelschicht, die weder aus Bauern noch aus Adligen bestand, eine selbstbewusste Intelligenzia herauszubilden. Von westlichen Ideen und russischer Kultur beeinflusst, sollten sie das Fundament einer aufstrebenden revolutionären Bewegung bilden. Künstler begannen, den Formalismus der Kaiserlichen Kunstakademie in Sankt Petersburg, die der Kunstszene mehr als ein Jahrhundert konservative Maßstäbe auferlegt hatte, zu hinterfragen. Wohlhabende Frauen sowie Mitglieder der Sankt Petersburger Literaturszene fingen an, sich für einen breiteren Zugang zu Bildung einzusetzen, sehr zum Missfallen von Traditionalisten, die, wie es ein Universitätsrektor ausdrückte, über die »Beschränkungen von Frauen besser Bescheid zu wissen schienen als über sich selbst«. Ob es sich um Briefeschreiber oder um Bombenwerfer handelte, diejenigen, die mit der existierenden Ordnung unzufrieden waren, fühlten sich zunehmend freier, ihre Bedenken zu formulieren und ihre eigene Agenda zu verfolgen.

Alexander, so scheint es, war aufrichtig überrascht über diese Reaktionen auf seine Reformen. In seiner instinktiven Antwort hierauf, den Rückfall in die Repression, erwies er sich als Sohn seines Vaters. Es entstand ein Teufelskreis, in dem sich eine ungeschickte Überwachung und ein gewaltbereiter politischer Protest wechselseitig hochschaukelten. In einem Anflug von urbaner Romantik sahen die Populisten, eine russische Variante des damals im Westen aufstrebenden Sozialismus, in der Bauernkommune eine Art utopischen, kommunistischen Mikrostaat. Als sie mit genau dieser Vorstellung »zu den Menschen gingen«, neigten die Bauern, die sie idealisiert hatten, dazu, sie zu ignorieren, zu vertreiben oder sie der Polizei zu übergeben. Daraufhin wandten sie und andere Gruppierungen sich dem Terrorismus zu, und mit jedem Fürsten oder General, den sie töteten, schlugen die Gendarmerie und die Dritte Abteilung nur noch härter zurück und offenbarten jene Art von bösartiger Begeisterung, die wiederum nur noch mehr Rekruten in die Arme der Revolutionäre trieb.

Mit der Zeit schien Alexander jedoch zu verstehen, dass der Radikalismus der Intelligenzia und die Unzufriedenheit der Bauern zwei gänzlich verschiedene Phänomene waren, und entschied, sich von den Repressionen wieder zu distanzieren. Am Morgen des 13. März 1881 beschloss er, eine Kommission einzuberufen, die noch grundlegendere Reformen, darunter die Verabschiedung einer Verfassung, ausarbeiten sollte. Und in einem nahezu perfekten Timing gelang es der *Narodnaja Wolja* (»Des Volkes Wille«), einer terroristischen Vereinigung, die bereits sieben gescheiterte Attentate auf den Zaren verübt hatte, ihn noch am selben Nachmittag zu ermorden.

Alexanders Sohn und Erbe, Alexander III. (reg. 1881–94), war im besten Fall ein engstirniger Mann, der wohl einen noch reaktionäreren Kurs eingeschlagen hätte, wäre nicht gerade erst sein Vater ermordet worden. Unter dem Einfluss seines ehemaligen Privatlehrers, des Eiferers Konstantin Pobedonoszew, unterdrückte er Russlands Minderheiten – insbesondere die Juden – und wachte über eine massive Ausbreitung der Repression. Man benötigte nun polizeiliche Bescheinigungen der eigenen »Verlässlichkeit«, um einen Studienplatz oder eine als »verantwortungsvoll« eingestufte Arbeit zu erhalten. Und vom Souverän ernannte Landvögte wurden buchstäblich zu lokalen Oberherren. Auf die Dilemmata der Modernisierung antwortete er, indem er die Bauernschaft umso heftiger besteuerte, um mit dem so gewonnenen Geld all das einzukaufen, was Russland aus dem Westen benötigte. Oder wie sein Finanzminister Iwan Wyschnegradski einmal meinte: »Lasst uns hungern, aber lasst uns exportieren.« (Wyschnegradski war Multimillionär; die Gefahr, dass er verhungern könnte, war gering, doch bis zu einer halben Million einfacher Russen sind während der Hungersnot von 1891–92 gestorben.)

Als Alexander 1894 starb, folgte ihm sein Sohn nach. Nikolaus II. (reg. 1894–1917), der letzte Romanow, war vielleicht der unglückseligste seiner Dynastie. Es war die Zeit, als das Russische Reich einen Zaren mit dem Willen Peters des Großen, dem Geist Katharinas der Großen, dem Geschick Dmitri *Donskois*, dem Reformwillen Alexanders II. und wenigstens dem Hauch von eiserner Überzeugung eines Nikolaus I. benötigt hätte. Es bekam jedoch einen

Menschen, der als Konservativer fantasiefrei, in seinen Grundsätzen schwankend, vor den Willensstarken sanftmütig und gegenüber den Wohlgesinnten herrisch auftrat. Seine neue Rolle traf ihn völlig unvorbereitet. »Was soll nur aus mir werden und aus Russland«, fragte er seinen Cousin und Schwager, den Großfürsten Alexander Michailowitsch, am Vorabend der Krönung. Ja, was nur?

Er war der schrecklichste aller Zaren, albern und pflichtbewusst zugleich. Schnell stellte sich heraus, dass er keine Antworten auf die Herausforderungen hatte, die Russland bevorstanden, Herausforderungen, die ironischerweise durch eine erfolgreiche wirtschaftliche Entwicklung nur noch größer wurden. Unter Wyschnegradskis Nachfolger Sergei Witte stieg das jährliche Wirtschaftswachstum auf etwa fünf Prozent. Allerdings fielen gleichzeitig die durchschnittlichen Realeinkommen, da im Land weiterhin eine investitionsarme Modernisierung betrieben wurde. Die Städte wuchsen, ihre schlimmsten Elendsquartiere waren für die Polizei so gut wie tabu, und die neue Industriearbeiterschaft zeigte sich für revolutionäre Ideen empfänglich. Die Menschen waren hungrig und wütend, und die Stimmung war so aufgeheizt, dass es nur noch einen Funken brauchte.

Dieser Funke sollte aus dem Fernen Osten kommen. Russlands Expansion nach Osten verwickelte das Land in einen Konflikt mit einem aufstrebenden und aggressiven Japan um die Mandschurei und Korea. Weil er glaubte, Japan werde niemals eine europäische Macht angreifen, und angestachelt von seinem deutschen Cousin Kaiser Wilhelm II., tat Nikolaus herzlich wenig, um zu einer Übereinkunft zu kommen, und war dann mehr als erstaunt, als die Japaner 1904 bei Port Arthur im Norden Chinas einen Überraschungsangriff auf die russische Flotte unternahmen. Nichtsdestotrotz scheint er geglaubt zu haben, dass, mit den Worten des Innenministers Wjatscheslaw von Plehwe, ein »netter, siegreicher kleiner Krieg« helfen könnte, das Land wieder zu einen.

Schnell stellte sich heraus, dass es ganz anders kommen würde. Japan hatte auf eine rasche Modernisierung gesetzt und kämpfte näher an der Heimat. Seine Truppen rückten zu Land und auf dem Meer vor, und der Wunsch der Russen nach Verstärkung war bald schon so groß, dass sich die baltische Flotte auf den langen Weg um den halben Erdball machen musste. Dieses Abenteuer begann wenig verheißungsvoll, als man englische Fischerboote vor der ostenglischen Hafenstadt Hull für japanische Torpedoboote hielt und das Feuer eröffnete. Und als ob das nicht schäbig genug gewesen wäre, gelang es der baltischen Flotte nicht, mehr als nur ein einziges Boot zu versenken, während ein russischer Kreuzer im Eifer des Gefechts beschädigt wurde. Ein Krieg mit Großbritannien konnte nur knapp verhindert werden, und nach einer 18 000 Seemeilen (33 000 Kilometer) langen Anreise, die sieben Monate dauerte, wurde die baltische Flotte 1905 bei der Seeschlacht von Tsushima vernichtend geschlagen, womit der Krieg im Grunde verloren war.

Womöglich hätte ein Sieg geholfen, doch ohne Zweifel zermürbte eine teure und demütigende Niederlage das Regime noch mehr. Der Zar hatte zwar als gottgewählter Vertreter und »Väterchen« seines Volks noch eine gewisse Legitimität. Doch nicht mehr lange. Im Januar 1905 nahmen mehr als 150 000 Menschen an einem Marsch zum

Winterpalast in Sankt Petersburg teil, um dem Zaren eine Petition zu überbringen. Sie waren friedfertig, sangen Loblieder und hielten Ikonen in die Höhe. Der Zar war zu dieser Zeit nicht einmal in der Nähe, doch jemand geriet in Panik, es fielen die ersten Schüsse, und die Kaiserliche Garde begann, in die Menge zu feuern. Als sich der Rauch lichtete, waren Hunderte von Demonstranten und Zuschauern tot. Wie auch wohl die letzten Reste an Ansehen, die der Zar im Volk noch genossen hatte. Dies war der Funke, der genügte, um das Land zu entzünden und die Revolution von 1905 auszulösen, die der bolschewistische Führer Lenin später als »große Generalprobe« für die Erschütterungen von 1917 bezeichnete, die das Zarentum schließlich hinwegfegen sollten.

Weiterführende Lektüre: Dominic Lievens meisterhaftes *Russland gegen Napoleon. Die Schlacht um Europa* (Übersetzung Helmut Ettinger, Bertelsmann 2011) ist ein unentbehrlicher ausführlicher Bericht, ein würdiges Gegenstück zu Leo Tolstois Epos (im wahrsten Sinn des Wortes) *Krieg und Frieden* (von den vielen Übersetzungen empfehle ich die von Barbara Conrad, Hanser 2010). W. Bruce Lincoln schreibt wunderbar und hat die beste Biografie über *Nikolaus I.* (Übersetzung Eberhard Müller, Callwey, 1981) verfasst. Von ihm stammt auch ein anregendes Porträt über Russland an der Schwelle zum 20. Jahrhundert, *In War's Dark Shadow* (Oxford University Press, 1983). *The Last of the Tsars: Nicholas II. and the Russian Revolution* von Robert Service (Macmillan 2017) ist eine meinungsstarke Biografie über diesen zutiefst charakterschwachen Menschen. Simon

Sebag Montefiores *Die Romanows: Glanz und Untergang der Zarendynastie 1613-1918* (S. Fischer 2016) ermöglicht einen umfassenden deutschsprachigen Überblick. Bei Astolphe de Custines *Russische Schatten. Prophetische Briefe aus dem Jahre 1839* (Die Andere Bibliothek 1985) handelt es sich um einen zeitgenössischen Reisebericht, der auch heute noch äußerst lesenswert ist.

7.

**»Das Leben ist besser,
das Leben ist lustiger geworden,
Genossen.«**

CHRONIK

1905	Russische Revolution
1914–18	Erster Weltkrieg
1917	Februarrevolution und Ende des Zarentums
	Oktoberrevolution
1918–22	Russischer Bürgerkrieg
1924	Lenin stirbt
1941-45	Großer Vaterländischer Krieg
1953	Tod Stalins
1956	Niederschlagung des ungarischen Aufstands
1968	Zerschlagung des Prager Frühlings
1979–89	Sowjetisch-Afghanischer Krieg
1985	Gorbatschow wird Generalsekretär
1991	Ende der Sowjetunion

Das Lenin-Stalin-Mausoleum, 1957 (© Manfred & Barbara Aulbach, CC-SA-3.0)

Was hat es zu sagen, wenn ein leidenschaftlich säkulares Revolutionsregime seinen Führer nach dessen Tod – und gegen dessen Willen – mumifizieren lässt und ihn wie einen Heiligen behandelt? Wenn ihm schließlich ein brutaler Diktator, der die meisten seiner Genossen und Verbündeten ermorden ließ, für kurze Zeit in ein hochverehrtes Zwischenreich folgt, einen Ort, zu dem die Menschen aus den entferntesten Ecken des Landes pilgern? Wenn eine kommunistische Partei, die den Internationalismus predigt, das Erbe des Zaren antritt und die Grenzen seines Reiches mit gleichem Eifer nach außen verschiebt? Wenn die Sowjets, all ihrer erklärten Verpflichtung zum marxistisch-leninistischen Egalitarismus zum Trotz, eine Klasse Parteiausweise zückender Aristokraten hervorbringen, die mindestens genauso habgierig und eigennützig agieren wie die Bojaren? Und wenn die altbekannten Dilemmata – Modernisierung oder Stabilität, Europäer oder doch etwas ganz anderes – auch das Russland des 20. Jahrhunderts bestimmen? Womöglich ist es nicht genug, sich eine brandneue rote Flagge zu besorgen (1922) und den letzten Zaren mitsamt seiner Familie zu ermorden (1918 durch ein Exekutionskommando), um einen völlig neuen Staat zu schaffen.

1905

Die Revolution von 1905 war insofern keine echte Revolution, als dass ein koordiniertes Vorgehen die Regierung gestürzt hätte. Sie war vielmehr eine Welle von Streiks, Unruhen, Protesten und Aufständen, die sich in einer Kombination aus Enttäuschung und Wut aufgetürmt hatte. Sie stellte keine existenzielle Bedrohung des Zarentums und des Status quo dar, wenngleich es seinerzeit einer kampfbereiten und panischen Elite gewiss so erschienen ist. Nach einem Generalstreik, an dem sich ungefähr zwei Millionen Arbeiter beteiligt hatten, veröffentlichte Nikolaus II. ein Programm, in dem er widerwillig eine Verfassung, Religions- und Meinungsfreiheit sowie ein gewähltes Parlament versprach. Obwohl die Revolutionäre jede Form von Kompromiss ablehnten, akzeptierten die moderateren Kräfte, insbesondere die Konstitutionell-Demokratische Partei (Kadetten), dies als einen Schritt in die richtige Richtung.

Doch als diese neue Verfassung – die Staatsgrundgesetze des Russischen Kaiserreiches – 1906 in Kraft trat, stand bereits fest, dass das Regime neues Selbstvertrauen gefasst hatte. Der Zar blieb Autokrat, und das Unterhaus des Parlaments, die *Duma*, wurde auf Grundlage eines gewichteten

Stimmrechts mit Bevorzugung der Mittel- und Oberschichten gewählt. Das Oberhaus wiederum, der Staatsrat, wurde zur Hälfte vom Zaren ernannt. Die Kadetten gewannen die meisten Sitze und warben für radikalere Verfassungsänderungen. Daraufhin löste die Regierung die *Duma* auf. In eine zweite *Duma* zogen im Jahr 1907 auch extremere Parteien ein, darunter die städtisch geprägten Sozialdemokraten und die ländlichen Sozialrevolutionäre (beide marxistisch). Daraufhin löste die Regierung auch diese auf und beschränkte das Stimmrecht strenger auf die besitzenden Klassen. Die dritte *Duma* verhielt sich entsprechend loyal.

Als die Protestflut zurückging, nicht zuletzt infolge einer brutalen, sich punktuell verschärfenden Repression, hoffte der Zar, zur »Tagesordnung« zurückkehren zu können. Sein beeindruckender neuer Premierminister Pjotr Stolypin hatte jedoch andere Vorstellungen. Stolypin war kein Liberaler – zur Wiederherstellung der öffentlichen Ordnung hatte er sich so freizügig der Todesstrafe bedient, dass die Henkersschlinge auch als »Stolypinkrawatte« bezeichnet wurde –, sondern ein scharfsinniger Akteur, der verstanden hatte, dass das System seine gesellschaftlichen Grundlagen wiederherstellen musste, notfalls auch durch Gewinnung neuer Wählerschichten. Die Bauern waren zwar befreit worden, jedoch aufgrund des unproduktiven Flurgemeinschaftssystems immer noch verarmt. Stolypin träumte von einer »Wette auf die Starken«, weshalb er die Kommunen aufbrechen wollte, damit die fähigeren und fleißigeren Bauern eine neue Klasse, die *Kulaken*, bilden konnten. Es sollte eine Klasse wohlhabender kleiner Landbesitzer entstehen, jener nicht unähnlich, die in Deutschland die Bastion des Konservativismus bildete.

»Geben Sie mir 20 Jahre Frieden, und Sie werden Russland nicht wiedererkennen«, versprach er. Doch Russland waren keine 20 Jahre Frieden vergönnt. Die Bauern stellten sich gegen das Ende der Flurgemeinden, der Adel fand jede Form der Veränderung verdächtig, und Nikolaus verhielt sich zunehmend entrückt. Als Stolypin 1911 ermordet wurde, bei einer Verschwörung, über die der Zar möglicherweise im Voraus informiert worden war, starb mit ihm jede Möglichkeit sinnvoller Reformen. Der Revolutionsführer Lenin selbst lieferte die vielleicht zutreffendste Grabinschrift: »Das Scheitern von Stolypins Politik ist das Scheitern des Zarismus auf diesem letzten, dem denkbar letzten Weg des Zarismus.«

Unterdessen sammelten sich die Revolutionäre. Die Sozialdemokraten hatten sich 1906 in Lenins Bolschewiken – sogenannte Mehrheitler, obwohl sie eigentlich die kleinere Fraktion bildeten – und die Menschewiken (Minderheitler) zersplittert. Letztere sahen die besten Chancen für eine Revolution darin, langsam eine Massenbasis zu ihrer Unterstützung aufzubauen. Lenin dagegen sagte, dass ein kleiner disziplinierter Kreis professioneller Revolutionäre die Macht ergreifen könne, wenn die Zeit reif sei. Sie benötigten lediglich eine Gelegenheit, und der Erste Weltkrieg sollte ihnen schon bald eine solche bieten.

KRIEG UND REVOLUTION

Karl Marx schrieb, Krieg »stellt eine Nation auf die Probe. So wie alle Mumien sofort zerfallen, wenn man sie der Atmosphäre aussetzt, so spricht der Krieg das höchste Urteil über Gesellschaftssysteme, die ihre Lebenskraft eingebüßt haben.« Wenigstens mit Letzterem hatte er recht. Die sich abzeichnende Katastrophe des Ersten Weltkriegs sollte schließlich die Existenz dieses Zombie-Regimes beenden. Im Jahr 1914 war das Mächtegleichgewicht in Europa verloren gegangen: Das Österreichisch-Ungarische, das Russische und das Osmanische Reich verloren an Macht, ein aufstrebendes Deutschland suchte nach seinem Platz an der Sonne, und die Kolonialstreitigkeiten zwischen Briten, Franzosen und anderen Akteuren gewannen an Schärfe. Es war nur eine Frage der Zeit, und als der bosnische Serbe Gavrilo Princip an einem sonnigen Sonntagmorgen Erzherzog Franz Ferdinand von Österreich ermordete, begannen die Dominosteine zu fallen. Als die Österreicher mit Unterstützung Deutschlands gegen die Serben in Stellung gingen, glaubte ein zögerliches Russland, es habe keine andere Wahl, als seinerseits den orthodoxen Serben zu helfen. Weil Deutschland nicht gewillt war, dem langsamen, aber riesigen Russland die Gelegenheit zur Mobilmachung seiner Truppen zu geben, dachte es, als Erstes zuschlagen zu müssen. Da sie unbedingt die Gelegenheit nutzen wollten, einen Herausforderer kleinzuhalten, glaubten Frankreich und Großbritannien, sie müssten Russland beistehen.

Der Krieg begann mit dem üblichen grotesken Spektakel der immer gleichen Massen, die ihm bald schon als Kanonenfutter dienen würden, ihn zunächst aber mit patriotischem Überschwang begrüßten. Schnell sollte sich zeigen, dass dieser erste wahrhaft moderne, industrialisierte Krieg Russland auf eine Probe stellte, die es nicht bestehen konnte. Bis Oktober 1917 waren etwa 15,5 Millionen Russen eingezogen worden – doch 1,8 Millionen von ihnen waren bereits tot (dazu weitere 1,5 Millionen Zivilisten), 3,5 Millionen verwundet und bis zu 2 Millionen in Gefangenschaft. Auf dem Höhepunkt des Krieges hatte Russland 150 000 Todesfälle im Monat zu beklagen, oft, weil man Soldaten ohne Stiefel oder gar Waffen in die Schlacht gegen Maschinengewehre oder eine Schnellfeuerartillerie schickte. Um diesen unersättlichen Fleischwolf weiter zu füttern, behalf sich die Regierung zunehmend mit Zwangsrekrutierungen von allen möglichen Menschen, die sie ausfindig machen konnte. Gleichzeitig stand die Wirtschaft kurz vor dem Zusammenbruch. Zwischen 1914 und 1917 stiegen die Preise um 400 Prozent, während die Löhne gleichbleibend niedrig waren. Die Menschen begannen also zu hungern.

Mit einem Schritt, der eine typische Mischung aus Herrschsucht, Pflichtgefühl und Dummheit offenbarte, ernannte sich Nikolaus II. gleich zu Beginn des Kriegs zum Oberbefehlshaber. Er hatte erwartet, die politischen Lorbeeren für einen raschen Sieg zu ernten, stattdessen wurde er selbst zum Sinnbild für das Versagen und alle Entbehrungen. Dass seine geliebte Frau Alexandra in Deutschland geboren worden war und er sich dem sittenlosen Scharlatan-Mönch Grigori Rasputin angebiedert hatte (bis zu dessen Ermordung im Jahr 1916), wurde spätestens zum Zeitpunkt, da sich Russlands Niederlage abzuzeichnen begann, zur Grundlage entsetzlicher und gefährlicher Gerüchte aller Art. Im Februar 1917 spitzte sich die Krise zu, als die Garnison der Hauptstadt Petrograd – die Stadt war zu Beginn des Krieges umbenannt worden, weil Sankt Petersburg zu deutsch klang – sich weigerte, Brotaufstände niederzuschlagen, und sogar die Elite-Garderegimenter meuterten.

In Petrograd wurde nicht nur eine, sondern gleich zwei

neue Regierungen ausgerufen. Die *Duma* bildete eine Provisorische Regierung, die vor allem aus Mitgliedern der Kadetten-Partei bestand und sich verpflichtete, eine Verfassungsordnung auszuarbeiten. Gleichzeitig bauten die Revolutionäre unter den Arbeitern und Soldaten auf den Petrograder *Sowjet* – das Wort bedeutet einfach nur Rat –, der von den Menschewiken beherrscht wurde. Nikolaus wurde in der Zwischenzeit von seinen eigenen Generälen und Beratern dazu gedrängt, die Krone abzugeben. Er versuchte, sie seinem Bruder, dem Großherzog Michail, zu überlassen, doch dieser wusste, wann er es mit einem vergifteten Kelch zu tun hatte. Und plötzlich gab es keinen Zaren mehr, die Vertreter göttlichen Rechts hatten abgedankt.

Während sich die Nachricht verbreitete, löste sich die alte Ordnung auf. Gleichzeitig blockierten sich die Provisorische Regierung und der Petrograder *Sowjet* gegenseitig. Diese Monate werden zwar oft als Zeit der »Doppelherrschaft« bezeichnet, doch hatte in der Praxis niemand die Herrschaft inne. Die Kadetten hatten alles, was man zum Regieren braucht, dennoch konnte der *Sowjet* ihre Anweisungen widerrufen, und ihre zögerliche Bereitschaft, den Krieg weiterzuführen, kostete sie eine viel breitere Unterstützung. Dem *Sowjet* gehörte die Straße, doch war er zu gespalten und zu sehr auf die Hauptstadt fixiert, um damit irgendetwas anfangen zu können. Es gab also tatsächlich ein Machtvakuum, und wie die Natur verabscheut auch die Politik jedes Vakuum. Jemand würde es schon bald füllen, und der so skrupellose wie pragmatische Lenin erkannte die Gunst der Stunde.

In diesem Frühjahr hatten ihm die Deutschen – die in ihm einen möglichen Unruheherd hinter den feindlichen

Linien erkannten – eine sichere Passage nach Russland gewährt, wo er die Machtbasis der Bolschewiken errichtete. Am 7. November 1917 (nach dem alten russischen Kalender am 25. Oktober) schlugen sie zu. Wenngleich dieser Tag später als Volksaufstand verklärt wurde, bei dem die Massen in den Straßen rote Fahnen schwenkten, so handelte es sich in Wirklichkeit um einen bewaffneten Putsch. Die bolschewistische Rote Garde besetzte den Winterpalast sowie die wichtigsten Garnisonen und Waffenlager und setzte die Mitglieder der Provisorischen Regierung fest. Auch die meisten anderen Großstädte fielen an die Revolutionäre. Lenin bot dem russischen Volk »Frieden, Brot und Land«, und selbst wenn viele sich nicht sicher waren, ob er sein Versprechen halten würde, so waren sie zumindest nicht gewillt, ihn mit Gewalt am Versuch zu hindern. Die Ergreifung der Macht erwies sich als einfach. Sie zu erhalten sollte sich als die schwierigere Prüfung herausstellen – und die Kompromisse, die die Bolschewiken eingingen, um dies zu erreichen, sollten die Zukunft des Sowjetregimes formen.

LENIN GEGEN LENIN

In vielerlei Hinsicht gab es nicht nur einen, sondern zwei Lenins. Als Wladimir Iljitsch Uljanow im Jahr 1870 geboren, wandte Lenin sich im Alter von 17 Jahren der revolutionären Politik zu, nachdem sein Bruder wegen eines Mordanschlags gegen den Zaren hingerichtet worden war. Skrupellos, unermüdlich und widersprüchlich im Charakter, hatte er den Großteil seines Lebens auf der Flucht, in

Sibirien oder im ausländischen Exil verbracht. Wie die bolschewistische Partei, die er geschmiedet hatte, war Lenin zu gleichen Teilen eifriger Anhänger einer Ideologie, deren Traum eine Welt ohne Unterdrückung, Elend, Ausbeutung oder Mangel war, und ein gnadenloser Pragmatist, der glaubte, alle Mittel, wie blutig sie auch sein mögen, seien zu rechtfertigen, solange sie die Sache voranbrachten.

Es war Lenin, der Pragmatist, der 1917 die Macht ergriff. Egal, dass Russland kaum bereit für den Sozialismus schien, da dem Land eine große und politisch reife Arbeiterklasse fehlte. Egal, dass Marx in seinem *Achtzehnten Brumaire des Louis Napoleon* davor gewarnt hatte, ein Land unvorbereitet zum Sozialismus zu zwingen, weil hieraus ein Regime entstehen werde, das gleichermaßen mit konservativen Instinkten und der Energie der Revolution ausgestattet sei. (Was Stalin zur Genüge bewies.) Alles egal: Lenin sah eine Gelegenheit und zurrte seine Ideologie so zurecht, dass eine Machtergreifung legitim erschien. Schließlich wartete an der nächsten Ecke doch bereits die Weltrevolution, und alles würde gut gehen!

Nicht ganz. Die Bolschewiken versuchten zunächst, ihr Friedensversprechen einzulösen, und unterschrieben den verhängnisvollen Vertrag von Brest-Litowsk, der die Abtretung riesiger Territorien im Westen und Süden vorsah – darunter der ertragreichen Anbaugebiete der Ukraine. Wie dem auch sei, dadurch wurde die Armee von der Front befreit, und während sich viele Einheiten einfach auflösten, weil ihre Soldaten desertierten, begann eine Reihe verstimmter Generäle (die sogenannten Weißen), die Beseitigung des neuen Regimes von Usurpatoren zu betreiben. Derweil erhielten die Sozialrevolutionäre und nicht die Bolschewiken bei den Wahlen zur neuen Konstituierenden Versammlung die Mehrheit. Lenin hatte die Macht jedoch nicht an sich gerissen, um sie bei nächstbester Gelegenheit an seine ländlichen Rivalen abzutreten, weshalb die Konstituierende Versammlung im Januar 1918 von den Roten Garden aufgelöst und der von den Bolschewiken dominierte Rätekongress zum neuen Regierungssitz erklärt wurde.

Doch wo war das Brot? In den Städten herrschte Hunger, und es gab kein Geld, um Getreide zu besorgen. Angesichts einer militärischen Bedrohung durch die Weißen (die von britischer, US-amerikanischer, französischer und sogar japanischer Seite unterstützt wurden), nationalistischer Aufstände in mehreren nichtrussischen Landesteilen, Rivalitäten mit den Sozialrevolutionären und eines sich abzeichnenden Zusammenbruchs von Staat und Wirtschaft versuchte es Lenin, der Pragmatiker, mit einer Kriegskommunismus genannten Politik – wobei es hier womöglich eher um Krieg als um Kommunismus ging. Die demokratischen Strukturen der *Sowjets* wurden von nun an durch Verordnungen umgangen. Die Roten Garden konfiszierten das Getreide ab sofort mit dem Bajonett, und Bauern, die sich weigerten, wurden getötet. Eine neue Geheimpolizei, die *Tscheka*, wurde gegründet und entwickelte sich zu einem zunehmend zentralen Element der bolschewistischen Herrschaft.

Zwischen 1918 und 1922 wurde das Land von einem grausamen Bürgerkrieg erschüttert, aus dem die Bolschewiken siegreich hervorgingen und in dessen Verlauf Regionen wie die Ukraine und der Kaukasus zurückerobert werden konnten – allerdings zu einem hohen Preis. Bis zu 12 Millionen Menschen waren gestorben, viele an Hunger und

Krankheit. Von Lenin, dem Idealisten, war in der Kommunistischen Partei (wie sich Bolschewiken nach 1918 nannten) nichts mehr übrig geblieben. Sie hatte allein deshalb gewonnen, weil sie sich als skrupelloser, disziplinierter und geschlossener erwies als ihre zahlreichen Feinde. Die Partei musste im Grunde genommen eine neue Staatsbürokratie werden und vergrößerte sich dramatisch, indem sie in großem Maßstab Opportunisten, Relikte des alten Regimes, und politisch unbedarfte Arbeiter an sich band. Die gesamte Kultur der Partei bekam etwas Kriegerisches, sie war so paranoid wie grausam.

Nach dem Bürgerkrieg erhielt der Staat formal den Namen Union der Sozialistischen Sowjetrepubliken (UdSSR), doch der Kampf sollte weitergehen. Um die Wirtschaft wieder aufzubauen, führte Lenin die »Neue Ökonomische Politik« ein, die einige der einfacheren wirtschaftlichen Aktivitäten liberalisierte. Fraglos konnte sie trotz zeitweiliger Krisen Erfolge vorweisen, und gleichzeitig erlebte Sowjetrussland eine Blütezeit der kulturellen, gesellschaftlichen und künstlerischen Experimente und radikaler Begeisterung. Dies war die Zeit futuristischer Schriftsteller wie Wladimir Majakowski, der Avantgarde-Künstler wie Kasimir Malewitsch und sozialer Maßnahmen wie dem »Kodex für Ehe, Familie und Vormundschaft«, der Frauen ausdrücklich als gleichberechtigte Partner anerkannte (beide Seiten durften den Nachnamen des jeweils anderen annehmen) sowie Scheidungen vereinfachte und entstigmatisierte. Man durfte noch hoffen, dass trotz allem etwas wahrhaft Neues und Aufregendes entstehen könnte.

Doch im Jahr 1922 hatte Lenin den ersten einer Reihe von Schlaganfällen und verschwand weitgehend aus der politischen Szene. Er starb 1924, nicht ohne zuvor ernsthafte Bedenken gegenüber dem bürokratischen Polizeistaat zu hegen, den er selbst errichtet hatte. Insbesondere war Lenin, der Idealist, besorgt über den Aufstieg Iosif Dschughaschwilis, besser bekannt als Stalin. In seinem Testament, das er der bolschewistischen Führung hinterließ, gab er eine unzweideutige Empfehlung: »Deshalb schlage ich den Genossen vor, sich zu überlegen, wie man Stalin ablösen könnte.« Sie hörten nicht auf ihn, aus Sorge, die Partei zu spalten, und vielleicht glaubten sie nicht einmal, dass Stalin, der den meisten Kreisen als langweiliger Funktionär galt – er war der Generalsekretär der Partei, hatte also die Position inne, die später einmal den mächtigsten Mann des Landes bezeichnen sollte, damals aber lediglich der Titel eines Verwaltungschefs war –, so eine Bedrohung darstellen könnte. Sie täuschten sich.

Stalin bewies schnell sein politisches Geschick, etwa indem er es mit den Lobeshymnen auf Lenin übertrieb (für ihn ließ er Petrograd umbenennen), um das Verschwinden des Testaments zu kaschieren, und seine Rivalen von links und rechts ausstach. Im Vergleich mit den meisten von ihnen, die gebildet und kosmopolitisch waren, repräsentierte Stalin die aufsteigende »Bürgerkriegsgeneration« innerhalb der Parteifunktionäre: pragmatisch, eigennützig und oft von einer an Rassismus grenzenden nationalistischen Einstellung. Bis Ende der 1920er Jahre wurde er zur dominanten Figur der Partei, und es war klar, dass er den Plan hatte, das Land auf wahrhaft fundamentale Weise zu verändern, koste es, was es wolle.

TERROR

Das jahrhundertealte russische Dilemma bestand darin, wie man das Land modernisiert, ohne gleichzeitig die Macht im Staat zu riskieren. Üblicherweise versuchten die Herrschenden, dies von oben herab zu lösen: Peter der Große beschäftigte ausländische Schiffbauer, Katharina die Große versuchte sich an westlichen Philosophien, und Nikolaus I. vertraute sich baltischen Adligen an. Diejenigen, die sich an tief greifendere Veränderungen der Systemgrundlagen wagten, wie etwa Alexander II. mit Abschaffung des Leibeigentums oder Stolypin mit seiner »Wette auf die Starken«, stießen schnell auf den Widerstand der alteingesessenen Führungsschicht. Stalin jedoch erbte ein Land mit einer neuen und unerfahrenen Elite, in einem Jahrhundert, in dem das Telefon und die Eisenbahn, der Stacheldrahtzaun und das Maschinengewehr für einen Diktator ganz neue Möglichkeiten schaffen sollten. Er war willens, in einer Größenordnung zu denken, von der keiner seiner Vorgänger auch nur zu träumen gewagt hätte.

Im Jahr 1928 initiierte er das Programm »Sozialismus in einem Land«, mit dem er Russland dramatisch modernisieren wollte. Ziel war es, diesen ausufernden Staat zu industrialisieren und in dessen Verlauf seine eigene Herrschaft zu festigen. Auf die doppelte Fragestellung, wie dies zu bezahlen sei – woher sollte das Geld stammen, um Fabriken zu bauen, westliche Technologie zu importieren und dergleichen? – und wie dies durchzusetzen sei, hatte er nur eine einzige Antwort: Terror. Agrarland wurde kollektiviert. Tatsächlich wurden die Anbauflächen verstaatlicht und die Bauern zu Staatsangestellten gemacht. Als sie Widerstand leisteten, wurden sie mit Brutalität unterdrückt. Die Ukraine wurde durch den Holodomor, eine menschengemachte Hungersnot, in die Knie gezwungen, der 1932-33 mehr als drei Millionen Menschen das Leben kostete, während bereits bis 1931 mindestens eine Million Bauern in die Arbeitslager des Gulag geschickt und 12 Millionen Menschen nach Sibirien deportiert worden waren.

Die Kollektivierung sollte zu Skaleneffekten führen und der Landwirtschaft neue Technologien bescheren, doch mehr als alles andere wurde dem Land eine noch nie da gewesene Staatskontrolle aufgezwungen. Der zaristische Minister Wyschnegradski meinte einst: »Lasst uns hungern, aber lasst uns exportieren«, doch es war Stalin, der genau das in die Tat umsetzte, als er im Tausch für Geld und Technologien Getreide in den Westen exportierte, ohne auf all die Menschen zu achten, die für diesen Handel in der Heimat mit ihrem Leben bezahlen mussten. Dadurch wurde auch die Industrialisierung in Gang gesetzt, wenngleich in einer plumpen und brutalen Art. Terror erwies sich darüber hinaus auch als hilfreich, wenn es um die Motivation der Arbeiterschaft ging: Reallöhne fielen in den Keller, doch die Angst, als »Schädling« denunziert zu werden, und die Hoffnung auf versprochene Bonuszahlungen an diejenigen, die den Plan übererfüllten, hielten die Arbeiter weiter bei der Stange. Zudem mag es zwar sein, dass der Gulag, das Arbeitslagernetzwerk der Sowjetunion, das 1939 etwa 1,6 Millionen Gefangene fasste, als Ort begonnen hatte, an dem man die politisch Unbequemen begrub, doch hatte er sich über die Jahre auch als Quelle für Sklavenarbeiter bewährt, die für das Regime Kanäle gruben oder Bäume fällten.

Indessen wandte Stalin den Terror auch gegen die Kommunistische Partei selbst und veranstaltete zunächst Schauprozesse gegen seine Rivalen – denen er von Spionage bis Sabotage alle möglichen Vergehen vorwarf –, um später systematisch jeden zu entfernen, der ihn möglicherweise herausfordern könnte. Nachdem diese Säuberungen im Jahr 1937 in einer Orgie aus Folter, Massenverhaftungen und Erschießungskommandos ihren Höhepunkt erreicht hatten, waren die Parteikader weitgehend zerstört: Drei Viertel aller 1934 in den Parteikongress gewählten Vertreter waren bis 1939 tot. Selbst der Führungsstab der Armee wurde dezimiert. Allein im Jahr 1937 wurden 90 Prozent aller Generäle und drei von fünf Marschällen der Roten Armee beseitigt. Kunst, Kultur, Erziehung und Ideologie widmeten sich nun der Verherrlichung von Staat und Stalin. Majakowski beging 1930 Selbstmord, Malewitsch wurde im selben Jahre von der Geheimpolizei verhaftet, und das radikale gesellschaftliche Experiment des frühen Bolschewismus wurde zurückgefahren, um große, stabile Familien zu propagieren (»Wir brauchen Kämpfer, sie bauen dieses Leben. Wir brauchen Menschen.«) und Frauen an ihren angestammten Platz zurückzuverweisen.

Wie konnte Stalin damit davonkommen? Er verstand Macht aus dem Bauch heraus und behielt die Geheimpolizei, in vielerlei Hinsicht das wahre Herz seines Staates, jederzeit unter seiner Kontrolle. Auch gingen das schiere Ausmaß seines Strebens und die hieraus folgenden Schrecken so lange über die Vorstellungskraft von Normalsterblichen hinaus, bis es zu spät war. Ebenso propagierte der Diktator eine Art skrupellose, kannibalistisch anmutende soziale Mobilität, die jene, die sich auf sein Spiel einließen, hoffen ließ, es sehr schnell sehr weit zu bringen. Im Übrigen unterhielt Stalin neben seiner paranoiden Jagd auf Spione und Saboteure, die eine eigene Welt der Hysterie schuf, einen riesigen Propagandaapparat, der sich altbekannter kultureller Wurzeln bediente, etwa des Mythos vom »Guten Zaren«, der auf der Seite des Volks steht, aber leider von seinen selbstsüchtigen Beratern fehlgeleitet wird. »Das Leben ist besser«, machte er seinen Untertanen weis, »das Leben ist lustiger geworden, Kameraden« – und viele wollten es ihm unbedingt glauben. Doch das, was unmittelbar bevorstand, war nicht die schöne sozialistische Zukunft, sondern die Apokalypse des Zweiten Weltkriegs.

DER GROSSE VATERLÄNDISCHE KRIEG

Im Jahr 1931 hatte Stalin gesagt: »Wir sind hinter den fortgeschrittenen Ländern fünfzig oder hundert Jahre zurückgeblieben. Wir müssen diese Distanz in zehn Jahren durchlaufen. Entweder bringen wir das zuwege, oder wir werden zermalmt.« Zehn Jahre später kämpfte die Sowjetunion tatsächlich um ihr Leben.

In der Zwischenkriegszeit galt die UdSSR als Pariastaat. Als in Europa der Faschismus immer mehr Anhänger fand, hatte Stalin zunächst gehofft, ihn zu benutzen, um mit Großbritannien und Frankreich gemeinsame Ziele festzulegen, doch sobald sich die Gelegenheit bot, schloss er seine eigenen Verträge mit Hitlers Deutschland, und 1939 teilten die beiden Polen untereinander auf. Nicht, dass er geglaubt hätte, der Krieg gegen die Nationalsozialisten sei zu vermeiden. Er wusste nur zu gut, dass Hitler in der Sowjetunion einen künftigen »Lebensraum« für eine neue Generation von arischen Kolonialherren sah, die mithilfe slawischer Sklavenarbeiter Feldfürchte an- und die benötigten Ressourcen abbauen sollten. Doch Stalin hatte gehofft, den Krieg gegen Deutschland hinauszögern zu können, um sich möglichst viel Zeit für dessen Vorbereitung zu verschaffen.

Als Hitler im Juni 1941 den Startschuss für das »Unternehmen Barbarossa«, die Invasion der Sowjetunion, gab, war dies für Stalin eine niederschmetternde strategische Überraschung. Seine Spione, Diplomaten und Generäle hatten ihm alle vorhergesagt, was geschehen werde, doch er war sich sicher, Hitler durchschaut zu haben, und glaubte, der Krieg sei auf das folgende Jahr verschoben worden. Die Rote Armee war dementsprechend unvorbereitet, und bis Mitte Juli hatten die Deutschen bereits zwei Drittel des Weges nach Moskau zurückgelegt. Ein Großteil der sowjetischen Luftwaffe war zerstört, und Lenins einbalsamierter Leichnam wurde heimlich ins 2000 Kilometer weiter östlich gelegene Tjumen gebracht. Stalin selbst schien eine Art Nervenzusammenbruch erlitten zu haben, und in den ersten beiden Wochen des Krieges gab es so gut wie keine zentrale Führung aus Moskau.

Doch dann erholte er sich und gab sich jede erdenkliche Mühe, zu überleben. Es folgten vier Jahre sagenhaften nationalen Einsatzes, in denen die Invasion zunächst allmählich verlangsamt, dann zum Stillstand gebracht und schließlich mit einer Gegenoffensive beantwortet wurde, an deren Ende die Rote Armee bis nach Berlin stürmte und Mitteleuropa unter sowjetische Herrschaft zwang. Stalins primitive und brutale Form der Industrialisierung ermöglichte den Aufbau einer Kriegswirtschaft, und die Fabriken, die vom Frontverlauf Richtung Osten verlegt worden waren, sollten bald schon die benötigten Waffen, Flugzeuge und Panzer ausstoßen. Stalin war aber auch pragmatisch veranlagt: Generäle, die zuvor als Verräter in den Gulag geschickt worden waren, wurden eiligst wieder zu den Waffen gerufen, und Kirchen, die vom aggressiven säkularen Regime verboten worden waren, wurden wieder eröffnet, um auch die Orthodoxie in den Kampf einzubeziehen. Außerdem sollten die Sowjetbürger – nicht nur Russen, sondern Angehörige aller möglichen Ethnien des Vielvölkerstaats – ihren außerordentlichen Willen beweisen, die Heimat zu verteidigen (wobei man der Ehrlichkeit halber dazusagen sollte, dass hier auch oft die Angst vor einem skrupellosen Staat mitspielte). So starben etwa allein während der Belagerung von Leningrad mehr Menschen als alle britischen und amerikanischen Todesopfer im gesamten Kriegszeitraum zusammengenommen.

Kein Wunder, dass man diesen Krieg in Russland bis heute als Großen Vaterländischen Krieg bezeichnet. Man kann seinen Stellenwert im Land nicht genug hervorheben. Mehr als 20 Millionen starben, und jeder litt. Doch am Ende war aus dem Pariastaat eine Supermacht geworden. Stalin saß 1945 mit dem britischen Premierminister Winston Churchill und dem US-Präsidenten Franklin D. Roosevelt in Jalta an einem Tisch, um die Welt nach dem Krieg neu zu ordnen. Lettland, Litauen und Estland wurden direkt der UdSSR einverleibt, und Ostdeutschland, Polen, die Tschechoslowakei, Ungarn, Bulgarien sowie Rumänien dazu bestimmt, als Vasallenstaaten weiter zu existieren. Es schien, als wäre hiermit die schreckliche Notwendigkeit von

Stalins Industrialisierung bewiesen worden, und die Partei konnte die gemeinsame Erfahrung des Krieges zur Grundlage ihrer Legitimität erklären.

Stalin blieb bis zu seinem Tod 1953 an der Macht und wachte über die skrupellose Konsolidierung seiner Marionettenregime in Mitteleuropa und den Wiederaufbau des eigenen Landes. Dennoch wurden die Grenzen des Stalinismus nach dem Triumph von 1945 deutlicher. Stalins Wirtschaftsmodell passte immer weniger zu den neuen Technologien der Nachkriegszeit, und der Gulag verlor nicht zuletzt aufgrund zunehmend auftretender Ausschreitungen in den Lagern an Bedeutung. Darüber hinaus hatte eine widerspenstige und ehrgeizige Führungsschicht ihre eigenen Pläne. Es gibt viele Hinweise, dass Stalin neue Säuberungen beschlossen hatte, um die Elite wieder zurechtzustutzen, als er eine Gehirnblutung erlitt. Er hätte womöglich überlebt, hätte er nur frühzeitig medizinische Hilfe erhalten, doch war er so unglaublich paranoid, dass es seinen Wachen nicht erlaubt war, unaufgefordert nach ihm zu sehen, und als man ihn schließlich fand, war es zu spät. Sage niemand, das Schicksal habe keinen Sinn für Ironie.

DER LANGE ABSCHIED

Stalins Erben sollten sich alle, jeder auf seine Art, mit der allzu bekannten Herausforderung der Modernisierung herumschlagen. In den 1950er- und 1960er-Jahren schien die Sowjetunion eine aufsteigende Macht zu sein. Als Stalins Nachfolger Nikita Chruschtschow dem Westen sagte, man würde ihn begraben – es war nicht ganz so bedrohlich, wie es sich anhört, sollte aber heißen, dass es mit den Sowjets aufwärtsging –, fürchteten viele im Westen, die Zukunft könne tatsächlich den anderen gehören. Im Rückblick allerdings erweist sich die Nachkriegszeit als eine Geschichte der versagenden Vorstellungskraft und des fehlenden Willens.

Man wusste, dass Chruschtschow den Gulag öffnete und einige der schlimmsten Exzesse des Stalinismus beendete. In seiner »Geheimen Rede« von 1956 verurteilte er die »negativen Eigenschaften« des alten Führers. Dies war zum Teil aufrichtig gemeint, andererseits war er Stalins rechte Hand gewesen, und nun versuchte er, sich und die Partei vom Terror zu distanzieren. (Wurde Stalins Körper nach seinem Tod noch standesgemäß einbalsamiert und ins Lenin-Mausoleum gebracht, so wurde er 1961 von dort wieder entfernt.) Chruschtschow hatte zum Beispiel gewiss keine Bedenken, im Jahr 1956 einen antisowjetischen Aufstand in Ungarn brutal niederzuschlagen. Was aber noch wichtiger war: Die Parteielite stufte ihn bald als gefährlich ein. Sein Pokerspiel hätte im Verlauf der Kubakrise von 1962 fast zu einem Atomkrieg geführt, und er hatte die Wirtschaft so sehr vernachlässigt, dass eine umfassende Lebensmittelknappheit die Folge war.

Chruschtschow war ein Produkt des stalinistischen Systems und versuchte, wie ein Autokrat zu herrschen. Er bemerkte nicht, dass die Macht sich auf die breiteren Parteikader verschoben hatte – auf die Bojaren der neuen Ordnung. Im Jahr 1964 wurde er bei einem unblutigen Staatsstreich gestürzt, und sein Nachfolger Leonid Breschnew passte sich den neuen politischen Gegebenheiten an. Er war weniger der *Woschd* – der Boss – als vielmehr der Vorstands-

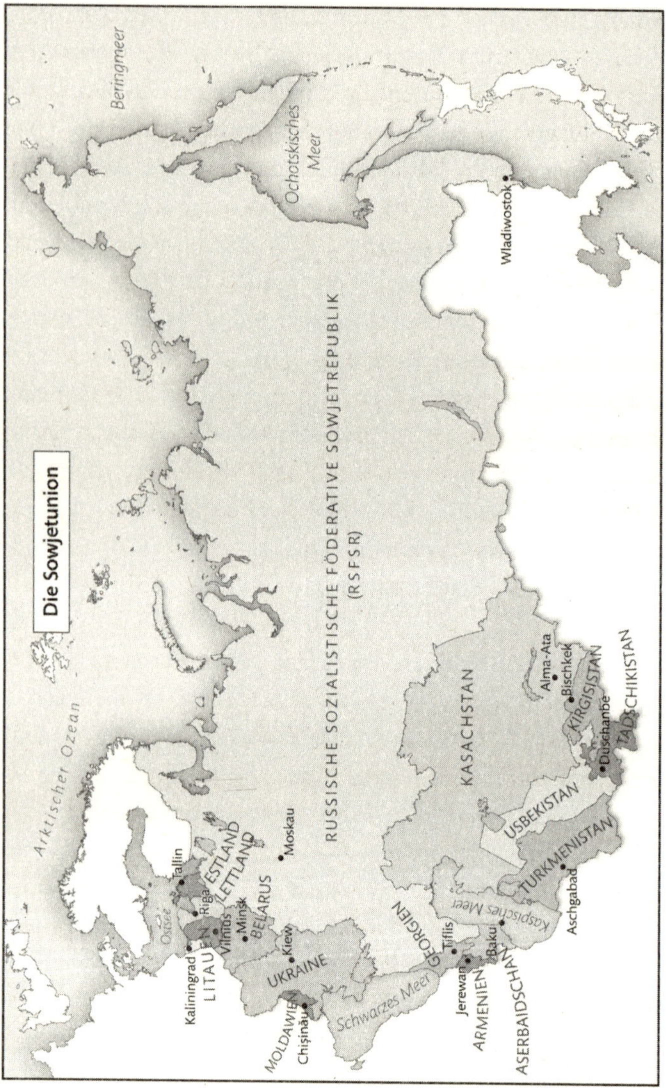
Die Sowjetunion
Arktischer Ozean
Beringmeer
Ochotskisches Meer
Wladiwostok
RUSSISCHE SOZIALISTISCHE FÖDERATIVE SOWJETREPUBLIK
(RSFSR)
Moskau
Tallin
ESTLAND
Riga
LETTLAND
Ostsee
Kaliningrad
LITAUEN
Vilnius
Minsk
BELARUS
Kiew
UKRAINE
MOLDAWIEN
Chişinău
Schwarzes Meer
GEORGIEN
Tiflis
Jerewan
ARMENIEN
Baku
ASERBAIDSCHAN
Kaspisches Meer
KASACHSTAN
Alma-Ata
Bischkek
KIRGISISTAN
Duschanbe
TADSCHIKISTAN
USBEKISTAN
TURKMENISTAN
Aschgabad

vorsitzende der UdSSR-GmbH. Seine Rolle bestand darin, Konsens zwischen den wichtigsten Interessengruppen herzustellen und dem System ein effizienteres, technokratischeres Management zu verpassen. So gesehen schien der erste Teil seiner langen Jahre als Generalsekretär – 1964–82 – auffallend erfolgreich, denn er konnte jedem alles anbieten. Die Elite erhielt Stabilität und Wohlstand, nicht zuletzt aufgrund erleichterter Bedingungen für Korruption und Veruntreuung. Einfache Sowjetbürger genossen eine verbesserte Lebensqualität und ließen sich ihr politisches Duckmäusertum mit laxerer Disziplin und neuen Konsumgütern bezahlen: Zwischen 1964 und 1975 stieg der Durchschnittslohn um fast zwei Drittel. Selbst dem Westen gegenüber gab man sich weniger konfrontativ, und es begann eine Zeit der Entspannung und Koexistenz.

So weit, so gut, doch sollten die Stärken der Breschnew-Ordnung gleichzeitig ihren Untergang bestimmen, nicht zuletzt, weil alle diese Entwicklungen auf den großzügig bemessenen Mitteln beruhten, mit denen alle gekauft werden mussten. Mitte der 1970er-Jahre tauchten plötzlich Probleme auf, die bis dahin unter wahren Rubel-Lawinen begraben worden waren. Gewaltige wirtschaftliche Projekte wie die Erschließung neuer Gebiete für die Landwirtschaft blieben hinter den Erwartungen zurück. Eine neue weltweite industrielle Revolution, die auf elektronischer Datenverarbeitung beruhte, bahnte sich an, die UdSSR jedoch fiel zurück. Korruption und Schwarzmarkthandel trafen die offizielle Wirtschaft bis ins Mark. Ein äußerst teures Rüstungsrennen mit dem Westen hatte begonnen. Diese schwelende Krise erforderte dringendes und entschlossenes Handeln, doch genau das konnte und wollte der alternde und vorsichtige Breschnew nicht leisten. Ihm fehlten hierfür das Temperament, die politische Autorität oder schlichtweg die Ideen. Stattdessen verlegte er sich darauf, einfach nur zu überleben: eine Metapher für den gesamten Sowjetstaat, der mit den Jahren immer hilfloser, weniger leistungsfähig und seniler wurde.

Als Breschnew 1982 starb, war es nicht mehr möglich, die Krise weiter zu ignorieren. Die Sowjetunion steckte in einem blutigen Konflikt mit Afghanistan. Junge Soldaten wurden von dort in Zinksärgen nach Hause geschickt, während die offiziellen Medien weiter behaupteten, es gebe überhaupt keinen Krieg. Polen wurde von nationalistischen Protesten erschüttert, und auch in den anderen Satellitenstaaten mehrten sich die Zeichen des Aufbegehrens. Die Wirtschaft stagnierte, die Lebensmittelversorgung wurde zunehmend rationiert, und die Bevölkerung war weniger aufmüpfig als vielmehr apathisch und depressiv: »Sie taten so, als würden sie uns bezahlen«, ging ein bekannter Refrain, »und wir taten so, als würden wir arbeiten.« Stalins drastische Industrialisierung und der technokratische Verwaltungsapparat der späteren Jahre hatten das bäuerliche Russland in eine Sowjetnation voller Städte und Bahnlinien, Ingenieure und Ärzte, Leser und Schriftsteller verwandelt: Lebten 1917 erst 17 Prozent der Bevölkerung in Städten, so waren es 1989 bereits 67 Prozent, und die Alphabetisierungsrate stieg im selben Zeitraum von 30 auf fast 100 Prozent. Doch was war dieser Fortschritt noch wert, wenn die Zeitungen voller Lügen waren, wenn die Führungsschicht von Egalitarismus sprach, während sie ein privilegiertes Leben lebte, von dem andere nicht einmal träumen konnten, weil sie für einen Laib Brot in der Schlange stehen mussten?

Neuer Generalsekretär wurde der asketisch-herbe Juri Andropow, der ehemalige Chef des KGB und einer der wenigen Männer, die von der vorherrschenden Korruption und jedem Karrierismus unbeschädigt geblieben waren. So entschlossen er auch war, Änderungen herbeizuführen, so schnell ereilte ihn das Schicksal: Drei Monate nach Amtsantritt erlitt er ein Nierenversagen. Er hielt nur noch ein Jahr durch, doch sein Hauptverdienst war es, schon bald einen relativ jungen, relativ reformwilligen Parteifunktionär namens Michail Gorbatschow zu fördern. Als Andropow 1984 starb, war Gorbatschow noch nicht in der Position, sein Amt direkt zu übernehmen, weshalb er geschickt den blassesten aller Parteikader, Konstantin Tschernenko, unterstützte. Schließlich war Tschernenko bereits sehr krank, und man konnte damit rechnen, dass auch er bald sterben würde. Dies tat er freundlicherweise bereits 1985 und ermöglichte es Gorbatschow, Generalsekretär zu werden. Sein Ziel lautete, das Sowjetsystem zu retten. Stattdessen sollte er es zu Grabe tragen.

ZU TODE REFORMIERT

Gorbatschow war einer der letzten wahren Überzeugungstäter. Er sah auf das Land mit seiner moribunden Wirtschaft und seiner bankrotten marxistisch-leninistischen Ideologie, seinen korrupten Parteifunktionären und demoralisierten Arbeitern, seinem sinkenden Ansehen in der Welt und dachte irgendwie, dass es reformiert, dass es gerettet werden könnte, selbst wenn er selbst nur über wenige Ressourcen und eine lediglich hauchdünne Mehrheit innerhalb des

Politbüros, des höchsten Führungsgremiums der Partei, verfügte. Es war ein Zeichen von ungewöhnlicher Naivität, dass er diese Überzeugung gewinnen konnte; es war ein Zeichen von ungewöhnlicher Reife, dass er an Statur gewann und sich weiterentwickelte, während seine aufeinanderfolgenden Programme allesamt scheiterten.

Zunächst dachte er, das Problem seien im Wesentlichen ein paar faule Eier innerhalb der *Nomenklatura*, also der Parteielite, und dass man nur hart genug gegen die Ineffizienz und berufliche Undiszipliniertheiten vorgehen müsse. Bald schon stellte sich jedoch heraus, dass die Missstände tiefer im System begründet lagen, und von 1986 an sprach er über die Notwendigkeit einer *Perestroika* (eines Umbaus) von umfassenderem Ausmaß. Hierzu gehörten eine wirtschaftliche Modernisierung und auch politische Reformen. Für Letztere war der Begriff *Glasnost* von zentraler Bedeutung, der üblicherweise mit Offenheit übersetzt wird, aber tatsächlich eher in Richtung Meinungsfreiheit geht. Er forderte die Menschen zu einer ehrlichen und realistischen Beurteilung der Probleme des Landes auf, zum Teil, um allen zu vermitteln, wie notwendig Reformen angesichts der Tatsache waren, dass man die Menschen seit Jahrzehnten mit Propaganda abgespeist hatte. Nach der Reaktorkatastrophe von Tschernobyl 1986, als in der Ukraine ein Atomkraftwerk zusammengeschmolzen war und Gorbatschow zunächst nach alter Sowjetmanier versuchte, alles zu vertuschen, verstand er, dass die Veränderungen genauso von unten wie von oben kommen mussten.

Allerdings traf Gorbatschow zunehmend auf Widerstände und verlor immer mehr die Kontrolle. Die Parteibosse verübelten ihm seine Reformversuche. Nationale Minderheiten begannen, von ihren neuen Freiheiten Gebrauch zu machen und sich *für* Freiheit zu engagieren. *Glasnost* entwickelte eine gewisse Eigendynamik, und von der Korruption innerhalb der *Nomenklatura* bis hin zu Stalins Verbrechen wurde im Parteikeller eine Leiche nach der anderen ausgegraben. Statt nachzugeben, wurde er jedoch radikaler und schuf 1989 eine neue konstitutionelle Basis für das Land, dessen Oberhaupt ein gewählter Präsident sein sollte. Warum musste der Generalsekretär der Kommunistischen Partei zusätzlich noch Präsident sein? Weil Gorbatschow verstanden hatte, dass die Partei im Grunde genommen das größte Hindernis für Reformen war und er eine unabhängige Machtbasis benötigte, um sie herauszufordern und zu Veränderungen zu bewegen.

Doch das hat nicht funktioniert. Die Hardliner verschanzten sich immer mehr, und als die Wirtschaftslage sich verschlechterte, tauchten neue politische Kräfte auf, die seinen Demokratisierungskurs zu ihrem Vorteil nutzten. Nationalisten in der Ukraine und in den baltischen Staaten begannen, sich für die Unabhängigkeit zu rüsten, andere in Armenien und Aserbaidschan ließen alte Territorialkonflikte neu aufleben. Am gefährlichsten war ein ehemaliger lokaler Parteiboss, den Gorbatschow zunächst gefördert und dann entlassen hatte. Boris Jelzins Karriere nahm Fahrt auf, und schon bald sollte er der erste gewählte Präsident des russischen Teils der Sowjetunion werden. Der Winter 1990/91 war hart. Es kam zu massiven Bergarbeiterstreiks, und Gorbatschow schwankte, ob er ein Bündnis mit den Hardlinern eingehen sollte, um die Ordnung wiederherzustellen. Doch er gab dieser Versuchung nicht nach, und wieder zeigte er sich danach radikaler denn je. Er begann, mit den gewählten Präsidenten der verschiedenen Teilrepubliken der UdSSR einen neuen Unionsvertrag auszuhandeln, der den Staat völlig neu geformt und aus einem verkappten Moskowiter Reich eine richtige Föderation aus freiwilligen Mitgliedern gemacht hätte.

Dies war für die Hardliner endgültig zu viel, und so inszenierten sie im August 1991 einen Staatsstreich, setzten Gorbatschow in seinem Ferienhaus auf der Krim fest und erklärten, dass von nun an ein »Staatskomitee für den Ausnahmezustand« die Führung übernehme. Sie hatten angenommen, eine eingeschüchterte und unterwürfige Sowjetbevölkerung würde ihre Anordnungen einfach befolgen. Sie täuschten sich. In Moskau wie im ganzen Land gingen die Menschen auf die Straße, um zu protestieren. Wäre das Notstandskomitee so skrupellos vorgegangen wie so viele frühere russische Usurpatoren, hätten sie vielleicht noch einmal den Sieg davongetragen, doch in diesem schicksalhaften Augenblick waren sie entweder nicht gewillt oder nicht in der Lage, Gewalt anzuwenden. Aus Hunderten Demonstranten wurden Tausende, und Jelzin – den zu verhaften die Verschwörer völlig vergessen hatten – ging aus dem Chaos als ihr Held hervor.

Nach gerade einmal drei Tagen fiel der Staatsstreich in sich zusammen, und Gorbatschow war zurück in Moskau. Allerdings hatte sich das gesamte Machtkalkül gedreht. Jelzin hatte die Idee eines Unionsvertrags nur deshalb (zögerlich) unterstützt, weil er fürchtete, andernfalls könnten die Hardliner die Macht ergreifen. Da sie es nun aber bereits versucht hatten und gescheitert waren, konnte Jelzin seinem tiefen Groll gegen Gorbatschow freien Lauf lassen. Er verbot die Kommunistische Partei und weigerte sich, den Unionsvertrag zu unterzeichnen. Die baltischen Staaten erklärten ihre Unabhängigkeit, die Ukrainer forderten ihre. Gorbatschow erkannte, was Sache war, und verfügte in seiner letzten Pflicht als Präsident der Sowjetunion, dass diese am 31. Dezember 1991 aufgelöst werde.

DAS ENDE DER SOWJETISCHEN IDEE

Das alte Regime war im Ersten Weltkrieg zugrunde gegangen, doch da es seine Entwicklungsmöglichkeiten erschöpft hatte, könnte man argumentieren, dass es davor bereits tot war, ohne es zu wissen. Die Revolutionäre, die 1917 unter Lenin die Macht ergriffen, waren skrupellos und idealistisch, waren aber keine echte Blaupause für die Zukunft. Im verzweifelten Kampf des Bürgerkriegs 1918–22 eroberten sie zwar das Land, verloren jedoch ihre Seele. Ihr Idealismus wich einem Opportunismus, der Stalins Aufstieg an die Spitze des Staates sicherte. Sein »Sozialismus in einem Land« war nicht so sehr Ausdruck seines persönlichen Machthungers, sondern seines Bewusstseins von der Verletzlichkeit der Sowjetunion. Im Namen einer brutalen Modernisierungskampagne mobilisierte er einen neuen nationalen Mythos vom Aufbau des Sozialismus. Der Sieg im Großen Vaterländischen Krieg stellte die Apotheose eines alten russischen Messianismus dar, wonach das Land etwas Besonderes, Einzigartiges an sich und eine größere Bestimmung vor sich hatte. Im Jahr 1812 und erneut während der Revolutionen in der Mitte des 19. Jahrhunderts hatte Russland behauptet, der Verteidiger Europas zu sein und nicht sein rückständiger Cousin. Und jetzt musste es genau das beweisen. Die Tragik daran war, dass der Retter Europas im Anschluss zum Besatzer der einen Hälfte des Kontinents und zur Bedrohung der anderen wurde. Der Eiserne Vorhang schloss Russland nicht nur aus Europa aus, er machte es noch mehr denn je zum »Anderen«.

In den letzten Jahren der Sowjetunion, als die Behauptung, die Geschichte sei aufseiten der Kommunistischen Partei, immer weniger glaubhaft wurde, als die Korruption den Staat von innen her auffraß und die Mühlen der Wirtschaft zunehmend langsamer mahlten, sah sich der Kreml gezwungen, sich immer stärker auf Propaganda und Lügen zu verlassen. Doch weder die Partei noch die Massen glaubten noch an die rot beflaggen Fantasien, mit denen man hausieren ging. Stattdessen suchte jeder sein persönliches Stück von Europa, von den einfachen Bürgern, die in verdunkelten Räumen BBC hörten und auf dem Schwarzmarkt Kassetten der Beatles tauschten, bis zu den Eliten, die sich Scotch und importierte Jeans in für Parteimitglieder reservierten Spezialgeschäften kauften. Die sowjetische Idee endete als Zarismus auf Steroiden, doch die sowjetischen Menschen selbst hatten ganz andere Träume. Doch würde es ihnen nach Ende der UdSSR endlich gelingen, sie wahr werden zu lassen?

Weiterführende Lektüre: Eine gute allgemeine Einführung in die Geschichte der Sowjetzeit ist Robert Service' *The Penguin History of Modern Russia: From Tsarism to the Twenty-first Century* (Penguin 2015). Die besten Biografien über ihre Schlüsselfiguren sind Service' *Lenin* (dtv 2001), Simon Sebag Montefiores *Stalin. Am Hof des Roten Zaren.* (S. Fischer

2005) und William Taubmans *Gorbatschow. Der Mann und seine Zeit* (C.H. Beck 2018). Alexander Solschenizyns *Ein Tag im Leben des Iwan Denissowitsch* (Droemer Knaur 1999) ist bis heute die scharfsinnigste und wesentlichste Einführung in das Leben im Gulag.

8.

»Russland ist wieder auf die Beine gekommen.«

CHRONIK

1991	Ende der Sowjetunion
1993	Jelzin löst mit Gewalt das Parlament auf
1994–96	Erster Tschetschenienkrieg
1998	Finanzkrise
1999–2009	Zweiter Tschetschenienkrieg
2000	Putin wird Präsident
2003	Verhaftung Michail Chodorkowskis
2008–12	Medwedews Interregnum
2014	Annexion der Krim und Intervention im Donbass; verschlechterte Beziehungen zum Westen
2024	Ende von Putins vierter Amtszeit als Präsident?

Denkmal »Den Verteidigern der russischen Erde«, Moskau 1995
(© Mark Galeotti)

Der Siegespark im Westen Moskaus ist ein perfektes Beispiel dafür, wie das moderne Russland versucht, aus jenen Bruchstücken und Schneisen seiner Geschichte, die zu erinnern und zu bewahren es sich entschieden hat, eine Identität zu stricken. Dieses Denkmal etwa verbindet einen mittelalterlichen Krieger, der mit Dmitri *Donskoi* gegen die Mongolen-Tataren auf dem Kulikowo Pole hätte kämpfen können, mit einem der Infanteristen, der half, Napoleons Grande Armée zerreiben, und einem sowjetischen Soldaten im Großen Vaterländischen Krieg. Drei Augenblicke nationalen Ruhms vereint. Und warum auch nicht? Welches Land blickt nicht lieber auf seine Triumphe als auf seine Niederlagen? Der Grund, warum es sich lohnen könnte, ein wenig bei diesen drei ritterlichen Verteidigern der Heimat zu verweilen, ist die Ideologie, für die sie stehen und die mittlerweile Russlands postsowjetische Zeit definiert: eine Mischung aus kratzbürstiger Abwehrhaltung und offen nationalistischem Mythos einer einzigartigen historischen Mission.

Den Sowjets war es nie gelungen, den Westen mit dessen eigenen Mitteln zu übertrumpfen, ohne gleichzeitig die ideologischen Mythen aufzugeben, die für die Herrschaft der Partei so zentral geworden waren. Immer hemmte genau dieses Dilemma den Fortschritt: Sei es, dass alle Forschungsergebnisse über Genetik über den Haufen geworfen wurden, weil der Scharlatan Trofim Lysenko Stalin davon überzeugen konnte, dass es sich hierbei um eine »bourgeoise Pseudowissenschaft« handle, sei es, dass die paranoide Einstellung des KGB zum freien Informationsfluss bedeutete, dass Fotokopierer über Jahre als Sicherheitsrisiko eingestuft wurden, oder sei es, dass das dogmatische Festhalten an der Kommandowirtschaft jede Initiative und Innovation erstickte. Als Gorbatschow anfing, die etablierten Wege zu hinterfragen, brachte er das gesamte System zum Einsturz. Plötzlich standen die sorgsam kuratierten – oft gleichbedeutend mit verfälschten – neueren und älteren Erzählungen von der eigenen Vergangenheit zur Disposition. Schockierende Details über den stalinistischen Terror forderten das heroische Narrativ der sowjetischen Industrialisierung heraus, und selbst der Triumph im Zeiten Weltkrieg wurde von Berichten über schlechte Kriegsstrategien und eine herzlose Gleichgültigkeit gegenüber dem Leben einfacher Soldaten untergraben. Womöglich schlug das Pendel zu weit in die entgegengesetzte Richtung aus, und eine Flut wiederentdeckter Wahrheiten, fragwürdiger Meinungen und unverblümter Verschwörungstheorien spülte jede Gewissheit hinweg. War Lenin wirklich ein deutscher Agent? War Stalin pädophil? Stürzte 1986 ein Ufo im fernen Osten Russlands ab? Brachte Gorbatschow die UdSSR im Rahmen einer zionistisch-freimaurerischen Verschwörung zu Fall?

In den 1990er-Jahren stürzten westliche Märkte und Memes auf ein Russland ein, das auf der Suche nach neuen Wahrheiten war. Jeder begann zu akzeptieren, dass Russland endlich ein Teil Europas sei, dass es dort auch hingehöre. Doch es dauerte nicht lange, da wurde diese Annahme bereits wieder hinterfragt. Russen, die den westlichen Lebensstil bereitwillig annahmen (soweit sie es sich leisten konnten), hatten den Eindruck, sie und ihr Land würden von einem Europa klein – und auf Abstand gehalten, das zwar mit Freuden Balten und Bulgaren, Slowaken und Slowenen in seinen Reihen begrüßte, nicht aber sie. Hieraus entwickelte sich jener postimperiale Trotz, der schließlich Wladimir Putin in den Kreml und zu gegebener Zeit »grüne Männchen« auf die Krim und in die südöstliche Ukraine brachte. Daher rühren auch die neueren Bemühungen, dem Land eine Identität zu geben und in seiner blutigen, unsteten Reise eine gewisse Bedeutung zu finden, auf dass hieraus wiederum ein Gefühl dafür entstehe, in welche Richtung es künftig gehen solle.

DIE WILDEN NEUNZIGER

Am 31. Dezember 1991 um Mitternacht wurde die Sowjetunion von 15 neuen Staaten abgelöst, von denen der größte und bevölkerungsreichste die Russische Föderation war. Doch was genau war das neue Russland? Die anderen Staaten hatten den Vorteil, sich darüber zu definieren, was sie nicht waren: Sie waren nicht länger Moskau untertan. Die Russische Föderation umspannte 11 Zeitzonen; ihre Bevölkerung von etwa 149 Millionen bestand zu 80 Prozent aus ethnischen Russen, zu ihr gehörten aber auch Minderheiten wie Armenier und Ukrainer oder Tataren und karelische Finnen. Konnte sie Anspruch auf das Erbe des Sowjetstaates erheben? War sie eine Nachfolgerin des Zarenreichs?

War sie ein Palimpsest, dicht beschrieben mit den halb ausradierten Texten vergangener Zeiten, oder war sie doch eher ein völlig weißes Blatt Papier? Dies wäre die Zeit für einen Visionär gewesen, einen Anführer mit der nötigen Leidenschaft, Entschlossenheit und Energie, um ein neues Russland zu schaffen und seine Bürger an diesen Traum zu binden. Doch was sie bekamen, war Boris Jelzin.

Es ist leicht, verächtlich über Jelzin zu sprechen, insbesondere, nachdem er in den 1990er-Jahren zunehmend der Trunkenheit, Schmerzmitteln, Gesundheitsproblemen und der Zügellosigkeit zu erliegen schien und einen krachenden Übergang zum freien Markt orchestrierte, der staatliche Monopole zum großen Teil durch private ersetzte. Das Land sah sich massiven Plünderungen ausgesetzt. Ganze Industrien wurden zu Spottpreisen privatisiert, und die entsprechend hohen Gewinne landeten in den Gesäßtaschen ausgewählter Gauner und Kumpane. Dies war der Jelzin, der 1992 dem Präsidenten der ehemaligen Sowjetrepublik Kirgisistan mit Löffeln auf dem Kopf herumtrommelte, der 1994 während eines Staatsbesuchs in Dublin durchschlief und den der US-Geheimdienst 1995 betrunken und in Unterhosen auf der Pennsylvania Avenue aufspürte, wo er auf der Suche nach einer Pizza war. Andererseits war dies auch der Jelzin, der das Gesicht des Widerstands gegen die Putschisten von 1991 war, der Gorbatschows Bemühungen blockierte, die UdSSR wiederherzustellen, und der 1993 ein widerspenstiges, noch zu Sowjetzeiten gewähltes Parlament mit Panzern zum Gehorsam zwang. Da dies verfassungswidrig war, änderte er einfach die Verfassung, um sein Vorgehen im Nachhinein zu legalisieren. Als es schließlich 1996 so aussah, als könnte die wiedererstarkte Kommunistische Partei tatsächlich die Präsidentschaftswahlen gewinnen, bat Jelzin die Oligarchen, jene neuen ultrareichen Großunternehmer, die so sehr von seiner gesetzesfreien Wirtschaftspolitik profitiert hatten, ihn zu unterstützen – oder, wie einige es nennen würden, die Wahlen für ihn zu manipulieren.

Für die meisten Russen waren die 1990er-Jahre ein Jahrzehnt der Verzweiflung, Ungewissheit und Not. Während eine Handvoll ihrer Mitbürger unglaublich reich wurde, mussten es die meisten mit einer Wirtschaftskrise aufnehmen, die noch die Große Depression im Amerika der 1930er Jahre in den Schatten stellte. Mehr als die Hälfte lebte unterhalb der Armutsgrenze, ein bankrottes Gesundheitssystem ließ die Sterblichkeitsrate sprunghaft ansteigen, und das organisierte Verbrechen wurde scheinbar überhaupt nicht behelligt. Ich erinnere mich an den schockierenden Anblick von Rentnern, die in langen Schlangen vor den U-Bahn-Stationen alles verkauften, was sie finden konnten, um ein paar Rubel zusammenzukratzen: eine alte Medaille, einen einzelnen Schuh, eine halb leere Zahnpastatube.

Wenn Jelzin einen Gegner hatte, konnte er fokussiert,

skrupellos und energisch sein; als der Staatenzerstörer jedoch die Gelegenheit bekam, einen Staat aufzubauen, wurde schnell klar, dass er hierfür keinen richtigen Plan hatte. Immer mehr setzte sich das Gefühl durch, dass es mit dieser Form der Anarchie nicht für immer so weitergehen könne. Das Land wurde bevormundet und international ignoriert, was niemanden wundernahm, so schwach, wie es war. Moskau konnte nicht einmal den Aufstand in seiner südlichen Provinz Tschetschenien niederschlagen, es gelang lediglich, ein ergebnisloses Unentschieden zu erkämpfen. Als das Jahrzehnt zu Ende ging, gab es im und um den Kreml herum Leute, die nach einem Nachfolger für Jelzin suchten. Es musste jemand sein, der loyal und effizient war (und idealerweise gesund und nüchtern), jemand mit dem festen Willen, die Autorität des Staates wiederherzustellen, jemand, der eine Art von Vision für Russland in Worte fassen konnte. Und sie fanden ihn.

AUFTRITT DES NEUEN ZAREN

Sie einigten sich auf eine eher unbekannte Person, einen gewissen Wladimir Putin. In den 1980er-Jahren war er ein KGB-Offizier gewesen, wenngleich kein allzu bedeutender, doch in den 1990er-Jahren war er in seine Heimatstadt Sankt Petersburg (der Name Leningrad hatte das Ende der UdSSR nicht überlebt) zurückgekehrt und wurde bald ihr stellvertretender Bürgermeister. Er begann sich einen Namen als idealer Handlanger zu machen, als zurückhaltender und tüchtiger Untergebener, der seinem Chef den Rücken freihielt. Als der Erste Bürgermeister Anatoli Sobtschak aufgrund von Korruptionsvorwürfen verhaftet werden sollte, war es Putin, der ihn in ein Flugzeug nach Frankreich verfrachtete. Im Jahr 1996 zog Putin nach Moskau und wurde stellvertretender Leiter der Liegenschaftsverwaltung der Präsidentschaftskanzlei, wo er wieder entscheidend dafür sorgte, dass alles funktionierte und alle Gerüchte über die Veruntreuung durch Beamte kleingehalten wurden.

An diesem Punkt begann sein kometenhafter Aufstieg, und nach Zwischenstationen als Jelzins stellvertretender Chef der Präsidialverwaltung sowie Direktor des Inlandsgeheimdienstes FSB (der Nachfolgeorganisation des KGB) ernannte Jelzin ihn im August 1999 erst zum stellvertretenden und später am selben Tag zum amtierenden Premierminister. Ende des Jahres trat Jelzin zurück und machte Putin zum Präsidenten, sodass dieser mit Amtsbonus in die bevorstehenden Präsidentschaftswahlen gehen konnte. Putin zahlte seine Schuld jedoch zurück: In seinem allerersten Erlass unterzeichnete er Garantien für Jelzin, die ihm nicht weniger als die Immunität im Falle möglicher Korruptionsvorwürfe gewährten – ein Privileg, das ganz unbürokratisch auf die gesamte Familie ausgeweitet wurde.

Doch wer war Putin? Eine mysteriöse (einige sprechen von einer mysteriös zweckdienlichen) Serie von Bombenanschlägen auf Wohnhäuser im ganzen Land und der Ausbruch eines neuen Krieges in Tschetschenien gestatteten es ihm, sich als knallharter Verteidiger der Sicherheit und nationaler Interessen in Stellung zu bringen. Er hatte kein klares Programm, doch sein Versprechen einer »Diktatur des Gesetzes« sprach diejenigen an, die genug von der Rechtlosigkeit des vergangenen Jahrzehnts hatten. Zudem wurde er wie 1996 Jelzin von Staats- wie Privatmedien offen unterstützt und gewann dementsprechend bereits die erste Wahlrunde mit 53,4 Prozent aller Stimmen.

Von Beginn an machte er deutlich, dass die Jahre der Irrfahrten vorüber waren. Die Oligarchen wurden vor eine einfache Wahl gestellt: Sie konnten akzeptieren, dass sie die Politik nicht länger bestimmten, und ihren Reichtum genießen, oder sie konnten einen Streit mit dem Kreml vom Zaun brechen und verlieren. Einige verließen Russland, doch der reichste unter ihnen, Michail Chodorkowski, wagte es, Kandidaten der Opposition zu unterstützen und sich über Korruption zu beklagen. Im Jahr 2003 wurde er verhaftet, des Betrugs und der Steuerhinterziehung bezichtigt und ins Gefängnis gesteckt, nicht zuletzt als warnendes Beispiel für die verbleibenden Oligarchen. Tschetschenien wurde in einem brutalen Feldzug unterworfen, die Hauptstadt Grosny dem Erdboden gleichgemacht und ein aggressives neues lokales Regime installiert. Der Kreml war wieder im Geschäft.

Putin hatte Glück. Das russische Volk sehnte sich nach einem Ende des Elends der 1990er-Jahre, und nun hatte es einen Präsidenten, der nicht nur scharfsinnig und energisch agierte, sondern zugleich über die Mittel verfügte, um das Land wiederaufzubauen. Die 2000er-Jahre zeichneten sich durch eine dramatische wirtschaftliche Erholung aus: Öl und Gas waren für fast drei Viertel von Russlands Exporteinnahmen und etwa die Hälfte des Staatshaushaltes verantwortlich, und das ganze Jahrzehnt über blieben die Preise hoch. Putin hatte das Geld, um in den Wiederaufbau des Militärs zu investieren, bei den Veruntreuungen seiner Getreuen ein Auge zuzudrucken und trotzdem genug übrig zu haben, um auch einfachen Russen nie da gewesene Annehmlichkeiten und Sicherheiten zu ermöglichen. Er bot ihnen im Wesentlichen einen neuen Gesellschaftsvertrag: Bleibt ruhig und haltet euch aus der Politik heraus, und ich garantiere euch eine sich stetig verbessernde Lebensqualität. Nach dem schäbigen Verfall und spektakulären Zusammenbruch der Sowjetunion, nach den »Wilden Neunzigern« war dies eine Vereinbarung, die die meisten nur zu gerne akzeptieren wollten.

Gleichwohl sollte sich Putin nicht auf die Dankbarkeit seiner Untertanen verlassen. Die russische Demokratie, die nie robust war, wurde zu einem Polittheater mit künstlichen Oppositionsparteien, deren Parteivorsitzende zwar ihre Rollen spielten, um den Schein zu wahren, jedoch nie die Hoffnung hegten, etwas gewinnen zu können. Zu Zeiten der Sowjetunion waren die Massenmedien wie auch die Künstler mit Stalins Worten als »Ingenieure der menschlichen Seele« betrachtet worden: Agenten der Partei, deren Aufgabe darin bestand, die Massen in den Zustand ideologischer Korrektheit zu versetzen. Unter Putin wandelten sich die Medien von Ingenieuren in Werbeleiter des Kremls. Vor allem das Fernsehen (am Ende fast vollständig vom Staat kontrolliert oder beherrscht) wurde zum vorlauten, schillernden und boulevardesken Sprachrohr des Regimes. Im Jahr 2004 holte Putin 71 Prozent der Wählerstimmen, und als ihm die Verfassung eine dritte Amtszeit in Folge verwehrte, installierte er 2008 einfach seinen formbaren Premierminister Dmitri Medwedew als Präsidenten. Putin zog von den Präsidentenbüros im Kreml in jene des Premierministers im sogenannten Weißen Haus, und die wahre Macht zog mit ihm dorthin um. Als Medwedews Amtszeit sich ihrem Ende näherte, unterstützte er pflichtbewusst

Putins Rückkehr ins Präsidentenamt, und 2012 tauschten die beiden Männer erneut ihre Büros.

DER PUTINISMUS AUF DEM KRIEGSPFAD

Inzwischen hatte sich Putins Beziehung zum Westen verändert. Er war schon immer ein bekennender russischer Patriot, der glaubte, der Großmachtstatus seines Landes gehöre zu seinem Geburtsrecht. Zunächst jedoch war er gewillt, als Partner zu handeln. Er dachte, solange er Geschäfte von ausländischen Firmen in Russland ermutigte und die USA in ihrem »weltweiten Krieg gegen den Terror« unterstützte, würde der Westen Russland als ernst zu nehmenden Akteur behandeln und die Augen vor dem, was innerhalb des Landes geschah, verschließen. Doch schon bald sollte er sich in beiderlei Hinsicht verraten fühlen, und 2007 hielt er in München eine erbitterte Rede, in der er das Entstehen einer »unipolaren« – von den USA dominierten – Weltordnung kritisierte.

Erbittert aufgrund echter wie vermeintlicher Kränkungen und Herausforderungen vonseiten des Westens, schlug er einen zunehmend konfrontativen, nationalistischen Kurs ein. Zum Teil geschah dies wohl mit Blick auf sein historisches Vermächtnis als der Mann, der Russland zunächst vor seiner Auflösung bewahrt hatte und dann, wie er einmal sagte, sicherstellte, dass »Russland wieder auf die Beine gekommen ist«. Während seiner Regierungszeit überfiel Russland das benachbarte Georgien (2008), annektierte die Krim (2014), zettelte im südostukrainischen Donbass einen Bür-

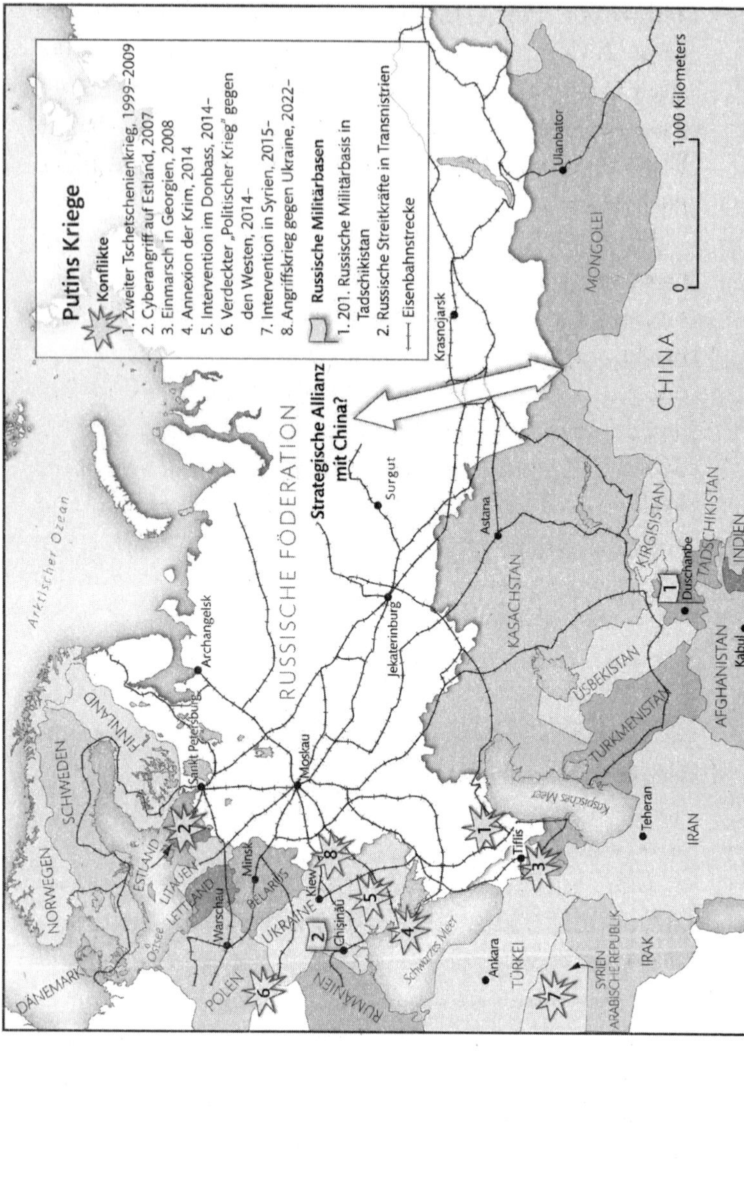

Putins Kriege
Konflikte
1. Zweiter Tschetschenienkrieg, 1999–2009
2. Cyberangriff auf Estland, 2007
3. Einmarsch in Georgien, 2008
4. Annexion der Krim, 2014
5. Intervention im Donbass, 2014–
6. Verdeckter „Politischer Krieg" gegen den Westen, 2014–
7. Intervention in Syrien, 2015–
8. Angriffskrieg gegen Ukraine, 2022–
Russische Militärbasen
1. 201. Russische Militärbasis in Tadschikistan
2. Russische Streitkräfte in Transnistrien
Eisenbahnstrecke
Strategische Allianz mit China?
RUSSISCHE FÖDERATION
Arktischer Ozean
NORWEGEN
SCHWEDEN
FINNLAND
DÄNEMARK
ESTLAND
LETTLAND
LITAUEN
Ostsee
POLEN
BELARUS
UKRAINE
RUMÄNIEN
Schwarzes Meer
TÜRKEI
SYRIEN ARABISCHE REPUBLIK
IRAK
IRAN
Kaspisches Meer
TURKMENISTAN
USBEKISTAN
AFGHANISTAN
TADSCHIKISTAN
KIRGISISTAN
INDIEN
KASACHSTAN
MONGOLEI
CHINA
Sankt Petersburg
Archangelsk
Moskau
Minsk
Warschau
Kiew
Chișinău
Ankara
Tiflis
Teheran
Jekaterinburg
Surgut
Astana
Duschanbe
Kabul
Krasnojarsk
Ulanbator
0
1000 Kilometers

gerkrieg an (2014–) und intervenierte im syrischen Bürgerkrieg (2015–). Außerdem begann es einen aggressiven Feldzug mit geheimdienstlichen und verdeckten Aktionen, die von einem massiven Cyberangriff auf Estland (2007) bis zur Ermordung von Gegnern und Überläufern im Ausland reichten.

Für Putin jedoch waren dies im Wesentlichen Abwehrreaktionen auf Versuche des Westens, sein Land zu isolieren, zu marginalisieren und ihm seinen Status als Weltmacht abzusprechen. Unterstützung für prodemokratische und Antikorruptionsaktivisten in Russland, Kritik am Tod mutiger Journalisten und Politiker, eine Reihe von Aufständen gegen moskaufreundliche Regime in der arabischen Welt sowie in postsowjetischen Staaten – insbesondere die »Euromaidan«-Proteste, die 2013-14 in der Ukraine ein korruptes Regime zu Fall brachten –, alles wurde in einen Topf geworfen und als Beweis für eine entsprechende Strategie des Westens angeführt. Während der Westen begann, sich Sorgen über Russlands »hybriden Krieg« zu machen – also den Einsatz von Subversion und Desinformation, um Uneinigkeit zu verbreiten und politische Institutionen zu unterwandern –, zeigte sich Moskau ebenso besorgt, dass es selbst einer ähnlichen Bedrohung ausgesetzt sein könnte.

Diese nationalistische Wendung machte es für Putin leichter, eine Vision für sein Russland zu formulieren, eine Vision, von der er sich vermutlich erhoffte, sie würde ein Volk inspirieren, das seit seiner Rückkehr ins Präsidentenamt 2012 zunehmend desillusioniert worden war – ermüdet von den Jahren der Pseudopolitik, von tiefsitzender Korruption und einer stagnierenden Wirtschaft, mit der seine Duldung nicht länger erkauft werden konnte. Er plünderte nach

Gutdünken die Geschichte seines Landes, um einen historischen Stammbaum zu entwerfen, der gleichzeitig die künftige Entwicklung beschreiben sollte. Eine der besten Verkörperungen dieses Vorgehens findet sich in der Ausstellung *Russland – Meine Geschichte*, die zunächst in Moskau eröffnet und dann im ganzen Land kopiert wurde. In einem lebendigen und farbenfrohen Multimediasetting geraten Zaren und Kommissare, Fürsten aus dem 12. Jahrhundert und Diplomaten des 21. Jahrhunderts zu austauschbaren Figuren innerhalb einer wenig subtilen Inszenierung bestimmter, einfach gestrickter Anschauungen: Zum Ersten ist Russland dann stark, wenn es geeint ist, und wird zur Beute, wenn es sich uneinig zeigt. Ein starker Staat ist eine moralische patriotische Verantwortung, was bedeutet, dass sich auch die Bojaren – oder Kommissare oder Oligarchen – seiner unteilbaren Autorität unterwerfen.

Zum Zweiten ist Russland nie der Aggressor, sondern immer verschafft es sich als Verteidiger den nötigen Respekt – die unbarmherzige Ausbreitung in Richtung Osten nach Asien, seine vielen Konflikte (von allen Ländern, die an Russland grenzen, ist Norwegen das einzige, mit dem es – noch – nie im Krieg war), die imperialen Einmischungen, von Nikolaus' I. Unterdrückung europäischer Revolutionen im 19. Jahrhundert bis zur Niederschlagung des Prager Frühlings im Jahr 1968, waren einfach nur notwendig, um das Mutterland und die natürliche Ordnung zu schützen. Wenn es gegen den Westen zurückschlägt, verteidigt es den Status quo gegen US-amerikanische Bestrebungen, der Welt eine »unipolare« Hegemonie aufzuzwingen. Selbst eine toxische Propaganda im Staatsfernsehen, die wachsende Unterdrückung unabhängiger Beobachter und die Zurückweisung internationaler Menschenrechtsnormen werden als Maßnahmen ausgegeben, um das Mutterland gegen ausländische Einmischung und den »Informationskrieg« zu schützen.

Und schließlich ist Russland demnach kein asiatisches Land und auch noch kein »eurasischer« Hybride – selbst wenn einige diesen Begriff verwenden. Es seien Russen gewesen, die Europa immer wieder verteidigten, zuweilen gegen Feinde von außen wie die Goldene Horde, zuweilen gegen Feinde von innen, seien es vermeintliche Eroberer wie Napoleon oder Hitler oder Kräfte des Chaos und der Abweichung. Mit anderen Worten, so lautet die Botschaft, dass allein Russland an den wahren europäischen Werten festhält, während seine westlichen Nachbarn diese längst aufgegeben haben. Allein sein orthodoxer Glaube sei die wahre Form des Christentums, genauso wie sein gesellschaftlicher Konservatismus für nichts anderes stehe als die Weigerung, degenerierten Launen und einem postmodernen moralischen Subjektivismus nachzugeben.

PUTIN UND DIE GESCHICHTE

Natürlich könnte man noch viel mehr über Putin sagen. Über die zuweilen ins Perverse kippende machohafte öffentliche Person, über seine unverwechselbare Mischung aus extremer (und manchmal tödlicher) Unterdrückung einiger oppositioneller Kräfte und seiner Bereitschaft, andere zuzulassen oder sogar zu begünstigen, darüber, ob er 2024, wenn seine vierte Präsidentschaft endet, zurücktreten wird oder nicht, ob er weitere verfassungsrechtliche Schliche nutzen wird, um an der Macht zu bleiben oder einen Nachfolger zu bestimmen. Doch sollte man ihn innerhalb der außergewöhnlichen russischen Geschichte nicht genauso behandeln wie jeden anderen Zaren oder Generalsekretär auch, denen in einem Werk wie diesem ein oder zwei Abschnitte gebühren, aber nicht mehr? Sicher, er verdient Anerkennung dafür, dass er das Land im Inneren stabilisiert und dessen Rolle auf der Weltbühne, oftmals antagonistisch und zuweilen launisch, wiederhergestellt hat. Doch war er bislang weder so blutrünstig wie Iwan (der Schreckliche) oder Stalin (der noch viel Schrecklichere) noch so (buchstäblich) überlebensgroß wie Peter der Große. Ihm fehlt der skrupellos-kalte Intellekt eines Lenin oder eines Andropow genauso wie der feine politische Instinkt einer Katharina der Großen oder eines Dmitri *Donskoi*.

Hiermit soll Putins Rang nicht geschmälert, aber in seine Schranken gewiesen werden. Er hat sicherlich versucht, Russlands Verständnis der eigenen Geschichte zu formen. Zunehmend müssen Schulbücher und Universitätskurse einer offiziellen Version folgen, die die Triumphe ausschmückt und die Tragödien kleinredet. Stalin wird so zu einem notwendigen Modernisierer und Kriegsherrn, dessen Gulags lediglich eine Randerscheinung darstellen. Putin verlangt, dass diese neue offizielle Geschichte des Landes möglichst frei sein sollte von »inneren Widersprüchen und Doppeldeutigkeiten« – als ob echte Geschichte je so sauber wäre.

Er ist nicht der Erste, der versucht, Russlands Erscheinungsbild und Geschichtsschreibung zu diktieren. Dmitri *Donskoi* hatte seine zahmen Chronisten, Katharina die Große kuratierte mit Bedacht das Profil ihres Landes in

Europa, und der Kult der »offiziellen Volkstümlichkeit« unter Alexander III. wurde von einer Kampagne begleitet, mit der lästige Gelehrte, die deren Voraussetzungen zu hinterfragen wagten, zum Schweigen gebracht und domestiziert wurden. Am bemerkenswertesten aber war der Versuch der offiziellen *Geschichte der Kommunistischen Partei der Sowjetunion (Bolschewiki): Kurzer Lehrgang*, 1938 von Stalin herausgegeben, selbst jene Ereignisse, die noch kein Menschenleben zurücklagen, neu zu interpretieren. In den folgenden 20 Jahren wurden mehr als 42 Millionen Exemplare des *Kurzen Lehrgangs* in 67 Sprachen gedruckt und verteilt, was ihn zum meistgelesenen Buch nach der Bibel machte.

Der springende Punkt ist, dass keiner dieser Versuche erfolgreich war. Zumindest wurde deren wahre Absicht, das Verständnis der Russen von sich selbst nach Belieben umformen zu können, nicht erreicht. Ein Palimpsest-Volk in einem Land ohne scharfe geografische, kulturelle und ethnische Grenzen könnte tatsächlich umso begieriger auf nationale Mythen sein, die helfen, es zu einen und zu definieren. Doch ist es auch umso schwieriger einzugrenzen, egal in welcher von seinen »inneren Widersprüchen und Doppeldeutigkeiten« befreiten Geschichte.

Putin fügt sich absolut in das weitere Muster der russischen Geschichte, wenngleich wahrscheinlich als wichtige Übergangsfigur, die weder sowjetisch noch wirklich postsowjetisch ist. Die UdSSR wurde vom Westen abgehängt. Sie konnte im Rüstungswettbewerb nicht länger mithalten, und ihre internationale Position litt zunehmend. Gorbatschow leitete den Versuch ein, die Sowjetunion zu modernisieren, wozu notwendigerweise auch eine Liberalisierung gehörte, doch dies führte zu Unruhen und letztlich zu ihrem

Untergang. Für Putin war dies die »größte geopolitische Katastrophe des 20. Jahrhunderts« – fairerweise sollte gesagt werden, dass dies nicht heißt, er wolle die UdSSR wiederherstellen – und spiegelte die Schwäche der Regierung wider. Nach der neuen »Zeit der Wirren« der Jelzin-Ära sieht Putin die größere Bedrohung in einer Schwäche im Inland – die möglicherweise von feindlich gestimmten ausländischen Mächten verstärkt wird –, weshalb sein Regime, allen Investitionen in Militärdrohnen und Weltraumraketen, allen Abenteuern in der Ferne zum Trotz, im Wesentlichen konservativ ist. Er ist Nikolaus I., der dem Chaos die Stirn bietet, der Patriarch Nikon, der älteren Dogmen wieder zu ihrem Recht verhilft, bestenfalls vielleicht Peter der Große, der bereitwillig westliche Technologien einführt, um den Staat zu bewaffnen und die Elite zu kontrollieren, nicht aber, um Reformen von unten einzuleiten.

DIE TRAGIK DES HYPERTEXT-PALIMPSEST

Unterdessen erhält das Palimpsest immer weitere Schichten von darübergelegten Manuskripten. Putins Generation des *Homo sowjeticus*, die nicht nur in der Sowjetunion geboren und aufgewachsen ist, sondern dort bis 1991 auch ihre prägenden ersten Berufsjahre erlebt hat, ist noch dominant, wird jedoch von Jüngeren herausgefordert. Einige wurden in den wilden 1990er-Jahren ausgebildet, andere waren noch nicht erwachsen, als Putin an die Macht kam. Es gibt diejenigen, die rebellieren, die sich einer angeschlagenen, aber lebendigen Zivilgesellschaft anschließen und im Westen nach Anregungen und Zielen suchen. Andere begegnen den Dogmen des Putinismus mit Hipster-Zynismus, akzeptieren Russlands neue Weltgeltung als internationaler böser Junge und zeigen diese Haltung auf ihren T-Shirts. »Putin: der höflichste Mensch der Welt«, steht auf einem, in Anspielung auf den russischen Namen für die im Westen »kleine grüne Männchen« genannten Kommandotruppen, die die Krim erobert haben. »Uns isolieren? Sehr gerne!«, heißt es auf einem anderen, zusammen mit den jeweils rot ausgekreuzten Logos von McDonald's, eines LGBT-Symbols und eines Protestplakats.

Gleichzeitig werden die Dinge eher komplizierter. In Moskau wurde in der Nähe des Olympiastadions eine neue, riesige Moschee errichtet. Muslime aus dem Nordkaukasus und aus Zentralasien kommen sowohl als Bürger, vor allem aber auch als Gastarbeiter mit befristeter Aufenthaltsgenehmigung. Mit ihnen strömen neue Einflüsse in die Stadt, von den kaukasischen Restaurants bis zum vertikalen afghanischen Basar, der das aus Sowjetzeiten stammende Hotel Sewastopol zum Großteil übernommen hat. Putin ließ außerhalb des Kremls ein riesiges Denkmal für den heiligen Wladimir – Großfürst Wladimir den Großen – errichten, doch dieser war Wladimir von Kiew, und genauso, wie Kiew heute Kyjiw genannt wird, ist die Ukraine nicht nur ein unabhängiger Staat, sie orientiert sich noch dazu immer mehr in Richtung Westen, nicht nach Osten. Ist Wladimir immer noch Russlands kulturelles Eigentum? Oder handelt es sich bei ihm heute nicht eher um den Ukrainer Wolodymyr? Auf den Moskauer Flughäfen gibt es mittlerweile eigene Passkontrollen für chinesische Pauschaltouristen, und man sieht immer mehr Schilder sowohl auf Chinesisch als auch auf

Englisch. In Russlands fernem Osten werden ganze Städte und Regionalwirtschaften mit chinesischem Geld umgebaut. Oder wie mir ein russischer Hochschullehrer über seine Studenten berichtete: »Sie lernen Englisch mit Leidenschaft und Chinesisch mit dem Verstand.«

Auch dringen nicht alle Einflüsse auf physikalischem Weg nach Russland ein. Das Palimpsest erwirbt gerade Hypertexte, Links im Cyberspace, in dem Informationen und kulturelle Einflüsse frei hin- und herfließen. Drei Viertel aller Russen sind regelmäßig im Internet, und sie verbringen dort so viel Zeit wie der durchschnittliche Amerikaner. Viele informieren sich online über ausländische Quellen, sehen Videos aus anderen Ländern und, was genauso wichtig ist, schließen sich grenzüberschreitenden Online-Communitys an. In Diskussionsforen oder Gaming-Gruppen sind Russen nicht nur Trolle und Querulanten, sie beteiligen sich aktiv an neuen virtuellen Gemeinschaften und Bewegungen.

Die Ironie besteht darin, dass Putin »sein« Russland in Opposition zu Europa und zum Westen definiert – wobei er alles Mögliche, von seiner internationalen Rangordnung bis hin zu seinen gesellschaftlichen Werten, infrage stellt –, doch wie so viele vor ihm lässt er sich und das Land gerade dadurch von der Außenwelt definieren. Nun ist dies eine sehr allgemeine Beschreibung, die auf fast jeden russischen Herrscher zutrifft, seit Iwan Grosny Russland zu einem politischen Akteur Nordeuropas machte und um die Hand der »Jungfräulichen Königin« Elisabeth I. anhielt.

Die noch größere Ironie verbirgt sich in Putins Bemühungen, sich auf alle möglichen Mythen zu beziehen, die einen russischen Exzeptionalismus unterstützen könnten, in der Vorstellung, dass dem Land aufgrund seiner Geschichte eine besondere und heroische Rolle in der Welt zuteilgeworden ist. Hierfür bemüht er unterschiedlichste Narrative, von Moskaus Stellung als »Drittes Rom« bis zur Schlacht auf dem Kulikowo Pole. Doch der ganze Aufwand, den die »Polittechnologen« und willfährigen Historiker des Kremls betreiben müssen, um die Menschen in Russland davon zu überzeugen, dass sie zu einem auserwählten Volk gehören, das von Europa isoliert ist und von dessen bösartigen kulturellen und geopolitischen Mächten bekämpft wird, zeigt nur, dass sie gegen den Strom schwimmen.

Letzten Endes verschlingen selbst jene Russen, die Putin bis heute verehren und glauben, was auf ihren T-Shirts steht, Filme und Serien aus dem Westen, sie lernen eifrig Englisch und streben selbst in ihren eigenen kulturellen Werken danach, dem Mainstream zu entsprechen. Wir sollten nicht vergessen, dass wir es mit einem Land zu tun haben, in dem man auf der einen Straßenseite ein riesiges Wandgemälde sehen kann, das die Fassade eines ganzen Hochhauses dominiert und irgendeinen großen russischen General verherrlicht, und auf der anderen – eine surreale Erfahrung, die mir selbst zuteilwurde – ein genauso großes Plakat, das den Filmstart eines Hollywood-Blockbusters bewirbt. Und zwar nicht irgendeines Blockbusters, sondern *Captain America*. Es ist viel von Moskaus Umgestaltung in eine lebendige, pulsierende und schöne Stadt die Rede, doch genauso, wie Sankt Petersburg von Europäern entworfen worden war, so hat Moskau heute vieles Architekten aus dem Westen zu verdanken. Sei es dem niederländischen Team, das die wichtigste Straße der Stadt, die Twerskaja, umbaut, sei es dem amerikanischen Architekturbüro DS+R, das in New

York den wundervollen High Line Park und in Moskau den Sarjadje-Park, eine riesige neue Grünanlage in unmittelbarer Nähe zum Roten Platz, entworfen hat: Die russische Hauptstadt wird von Westlern als europäische Stadt neu gestaltet.

Dank geteilter historischer Erfahrungen und eines wachsenden Marktes, dank Internet und Hollywood-Blockbustern, günstiger Pauschalurlaube in Spanien und auf Zypern, dank gemeinsamer Bedenken über den Aufstieg Chinas ist Russland Europa tatsächlich näher als zu irgendeinem anderen Zeitpunkt seiner Geschichte. Eigentlich endet Europa am Ural, auf nicht einmal halbem Weg durch Russland, doch das Europa des Geistes überwindet den ganzen Weg bis Wladiwostok an den Pazifik. Bei Umfragen stimmen die meisten Russen mit der Aussage »Russen sind Europäer« überein – doch einige der höchsten Umfragewerte kommen tatsächlich aus dem fernen Osten des Landes, wo »asiatisch« nicht nur eine abstrakte Beschreibung, sondern eine unmittelbare Realität darstellt.

Dies ist ein Land mit reichem Erbe und immer noch größtenteils ungenutztem Humankapital. Es ist zu einfach, das heutige Russland nur im Lichte der allbekannten Bilder aus den Nachrichten zu betrachten: die Kampfflugzeuge über Syrien, die Bereitschaftspolizei in den Straßen, die selbstzufriedenen Superreichen auf ihren gigantischen Luxusjachten, und Putin als einsame Galionsfigur dieser wieder so bedrohlichen Nation. Doch dies ist längst nicht alles. Sicher, es gibt ein großartiges kulturelles Erbe, das von Tolstoi und Tschaikowsky bis *Panzerkreuzer Potemkin* und Bolschoi-Theater reicht, genauso wie seine Geschichte allem Blutdurst zum Trotz mehr zu bieten hat als seine im Dunkeln leuchtenden Triumphe, seine Heldentaten und Beweise von Edelmut. Doch in vielerlei Hinsicht sind genau sie die Rohmaterialien zu der alten russischen Tradition, die Zukunft in der Vergangenheit zu suchen.

Davon abgesehen: Wie oft kann ein Palimpsest überhaupt überschrieben, gelöscht und korrigiert werden, bevor man endlich einmal mit einer neuen Seite beginnen muss? Um Marx noch einmal zu zitieren: »Die Tradition aller toten Geschlechter lastet wie ein Alb auf dem Gehirne der Lebenden.« (Für mich als Nicht-Marxisten ist es immer wieder erstaunlich, wie viele seiner düsteren Äußerungen sich auf Russland anwenden lassen.) Wann wacht jemand aus seinem Albtraum auf und geht seiner Wege? Dieses Land ist weitaus mehr als die Summe seiner historischen Errungenschaften. Eine junge Generation von Aktivisten und Unternehmern, Wissenschaftlern und Künstlern, Denkern und Träumern versucht bewusst, neue Wege für Russland zu finden und nicht weiter nur zu entscheiden, welchen der ausgetretenen Pfade man einschlagen soll. Wichtiger noch, fragt man Russen, was sie sich für ihre Zukunft wünschen, stehen Dinge wie der Großmachtstatus des Landes und die Sorge um seine Sicherheit sehr weit unten auf der Liste. Stattdessen sehnen die Menschen sich nicht nur nach einem guten Leben, sondern nach Meinungs- und Versammlungsfreiheit, dem Ende der Korruption und dem Gefühl, einen sinnvollen Beitrag zum Wohl der Gesellschaft leisten zu können – alles Freiheiten, die wir im Westen für selbstverständlich nehmen. Vielleicht hat Russland nach Jahrhunderten, in denen es zwischen dem verzweifelten Wunsch, vom Rest Europas akzeptiert zu werden, und der Entschlossenheit, allein zu bleiben, zerrieben wurde, die Chance, einfach es selbst zu sein. Schließlich besteht die Ironie »Europas« darin, dass die Zentripetalkräfte, die von der Europäischen Union ausgehen, ihre Ausweitung im Süden und Osten sowie der Brexit ein wachsendes Bewusstsein dafür nötig machen, dass es das eine »Europa« nicht gibt. Es gibt das Europa Schwedens und Deutschlands, doch auch das Europa Italiens und Griechenlands, genauso jenes Ungarns und des Balkans und auch das Europa Großbritanniens. Es gibt Platz für Russland, sollten die Russen willens sein, mit sich selbst ins Reine zu kommen. Putin und seine Kohorten versuchen, sich – und ihr Volk – von etwas anderem zu überzeugen, doch die Vorstellung, dass sie nicht europäischer werden könnten, ist der größte Mythos von allen.

Weiterführende Lektüre: Chrystia Freelands *Sale of the Century: The Inside Story of the second Russian Revolution* (Abacus 2005) erzählt die Geschichte der 1990er-Jahre anhand der finanziellen Machenschaften der Zeit. Die besten Ansichten über den Menschen Putin finden sich bei Fiona Hill und Clifford G. Gaddy, *Mr Putin: Operative in the Kremlin* (Brookings 2015). Das hellsichtigste Buch über das Land, das ihn hervorgebracht hat, stammt von Anna Arutunyan, *The Putin Mystique* (Skyscraper 2014). *We need to talk about Putin* (Ebury 2019) fasst meine Gedanken über diesen Menschen in einem schmalen Band zusammen. Michail Zygars *All the Kremlin's Men: Inside the Court of Vladimir Putin* (Public Affairs 2016) bietet einen exzellenten Blick auf all die anderen Leute, die sich um den neuen Zaren scharen.

Ein Schlusssatz

RUSSLAND, DIE UKRAINE UND DIE RACHE DER GESCHICHTE

Am 24. Februar 2022 gab Wladimir Putin nach langwierigen militärischen wie rhetorischen Vorbereitungen den Befehl zum Einmarsch in die Ukraine. Zum Zeitpunkt, da ich dies schreibe, ist der Ausgang dieses schrecklichen Krieges noch ungewiss, doch wird bereits deutlich, dass Moskaus ursprüngliche Erwartung eines schnellen und einfachen Sieges vom unerschütterlichen und leidenschaftlichen Widerstand des ukrainischen Volks enttäuscht worden ist.

Die Geschichte wiegt schwer auf diesem Konflikt, sie zeigt sich in den schwarzen Rauchschwaden, die aus den bombardierten Städten aufsteigen, und im Anblick der Millionen von Flüchtlingen, die vor einem Krieg in Europa fliehen, in der aufgeblasenen Rhetorik eines Möchtegern-eroberers und in den verwirrten Augen russischer Kriegsgefangener, denen man versichert hatte, sie würden als Befreier, nicht als Besatzer in die Ukraine einmarschieren. Schließlich handelt es sich um einen Krieg, den Putin mit Rekursen auf die Geschichte – in einer persönlichen, grob zusammengeschusterten Version – rechtfertigt und dessen Schlachtpläne er anscheinend auf Grundlage eigener Missverständnisse ebenjener Geschichte schmiedet.

Putin hält sich zweifelsohne und unklugerweise für einen durchaus bedeutenden Hobbyhistoriker. Er hat angefangen, langatmige Erörterungen seiner eigenen zweidimensionalen Ansichten zur ukrainischen Geschichte zu geben, die Ukrainer verärgert und Fachkreise verblüfft haben. So hat er etwa in seinem Aufsatz vom Juli 2021 »Über die historische Einheit von Russen und Ukrainern« behauptet, Russen und Ukrainer seien »ein Volk«, und sich damit unbekümmert über die Vielschichtigkeit ihrer Beziehungen hinweggesetzt. Dabei ist die Ukraine ein vielsprachiges Land, in dem Russisch nur eine von mehreren gesprochenen Sprachen ist und die russische Kirche tatsächlich nur eine von mehreren orthodoxen Glaubensrichtungen darstellt, die dort praktiziert werden. Sicher gibt es historische Bande und Zusammenhänge, doch lebten Ukrainer und Russen länger in getrennten Staaten als unter derselben Regierung.

Tatsächlich sind die Ukrainer für Putin nicht nur kein richtiges Volk, die Ukraine ist in seinen Augen nicht einmal ein echtes Land. Am Vorabend der Invasion behauptete er kategorisch, dass die moderne Ukraine nichts als ein künstliches Konstrukt der Revolution sei, das die bolschewistische Staatenpolitik geschaffen habe und das deshalb mit Recht als »Wladimir Lenins Ukraine« bezeichnet werden könne.

Zwar wird Geschichte immer für politische Zwecke vereinnahmt, doch nur selten wird sie zur Grundlage einer Militärstrategie. Genau das war in diesem Fall auf Putins Drängen hin geschehen, und es stellte sich als Katastrophe heraus. Das russische Militär hat seine eigene Form der Kriegsführung entwickelt, an deren Anfang eine gründliche Vorbereitung steht, worauf massive, einleitende Bombardements durch Raketen und Flugzeuge folgen, um schließlich mit sorgfältig zusammengestellten Teilstreitkräften vorzurücken und die Gegner zu pulverisieren. Doch im Februar 2022 schien Putin die endgültige Entscheidung zum Einmarsch nicht nur in letzter Minute getroffen, sondern seinen Generälen eine ganz andere Vorgehensweise auferlegt zu haben. Davon überzeugt, dass ein nichtexistentes Volk wohl kaum zum Schutz eines nichtexistenten Staates in den Kampf ziehen würde, bestand er auf einem viel leichteren Sperrfeuer, in dessen Schutz dann kleine, leichte Verbände in die Großstädte entsandt werden könnten. Er scheint ernsthaft geglaubt zu haben, dass einige wenige Fallschirmjägertruppen in das Zentrum Kyjiws vordringen, die Regierung absetzen und Moskau die Installation einer eigenen Marionettenregierung ermöglichen würden. Und dass die Ukrainer dieses neue Regime selbstverständlich ohne Murren akzeptiert hätten.

Dies hat so nicht funktioniert. Stattdessen bekämpfen die Ukrainer die russischen Invasoren mit derselben Entschlossenheit, mit der sie sich siebzig Jahre zuvor gegen die Deutschen gewehrt hatten. Obwohl Putin versuchte, seine »militärische Spezialoperation« – wer sie als »Krieg« oder »Invasion« bezeichnete, musste mit Gefängnisstrafen von bis zu 15 Jahren rechnen – unter dem Deckmantel des Großen Vaterländischen Krieges durchzuführen, ging sein Kostümspiel bestenfalls nach hinten los. Städte wie Mariupol am Asowschen Meer, in Schutt und Asche gebombt, umzingelt, doch selbst dann noch kämpfend, als seine Bevölkerung bereits Wasser aus Heizungsrohren trank, sind schon jetzt die Leningrads und Stalingrads dieses Krieges.

Während ich dies hier schreibe, gehen die Kämpfe unvermindert weiter. Aufgrund von Putins katastrophalen Fehleinschätzungen müssen seine Generäle sich zusammenraufen und versuchen, das Heft des Handelns wieder in die Hand zu bekommen. Es wird sich noch herausstellen, ob er wie Stalin einsieht, wie töricht es war, sich in die Details seines Krieges einzumischen, und fortan den Profis ihr blutiges Handwerk überlässt, oder ob er wie Nikolaus II. glaubt, weiter alles unter seiner Kontrolle halten zu müssen, in der Gewissheit, dass der Sieg kurz bevorsteht und seinem erlahmenden Geschick neuen Schwung verleiht.

Doch nicht nur war Putins Ansatz unwissenschaftlich und durchschaubar missbräuchlich, ein plumper Versuch, die Vergangenheit in eine Form zu zwängen, die den politischen Erfordernissen des Augenblicks dient. Wie bereits gesagt könnten die Ukrainer schließlich umgekehrt genauso argumentieren, dass das moderne Russland nichts anderes als ein Sprössling ihrer eigenen Nation sei. Nicht nur ging Putins Ansatz dramatisch nach hinten los und führte dazu, dass er seinen Krieg mit einer katastrophalen Eröffnungsstrategie begann. Wichtiger noch war, dass ein wesentlicher Punkt in Vergessenheit geriet: Geschichte und Schicksal sind nicht dasselbe. Selbst wenn alles, was er geschrieben hat, wahr wäre, würde es nichts bedeuten, solange die Ukrainer nicht beschließen, etwas daraus zu machen. Die Zeit bringt all diese alten Realitäten zum Erodieren: Nationale Kulturen entwickeln sich, Religionen und Ideologien steigen auf und verlieren wieder an Bedeutung, Grenzen verschieben sich, Bevölkerungen ziehen weiter, und Gemeinschaften definieren sich neu. Die heutigen Ukrainer sind – nicht zuletzt dank ihres jahrelangen Widerstands gegen Putins Imperialismus – vereinter, als sie es in ihrer Geschichte wohl je waren. Mögen die mittelalterlichen

Chroniken das alte Kiew als die »Mutter aller russischen Städte« bezeichnet haben, das Kyjiw von heute steht nicht nur unter dem mörderischen Beschuss durch Moskaus Artillerie, es versucht, seinen alten Titel hinter sich zu lassen und stattdessen seinen Platz innerhalb der größeren europäischen Familie zu finden.

Man betrachte in diesem Zusammenhang Russland. Im Lauf der Zeit haben sich seine eurasischen Grenzen immer weiter verschoben, und unterwegs wurden kleinere Gemeinwesen geschluckt. Seine Identität war in Gefahr und wurde neu erfunden, sei es von den Großen Peter und Katharina, die versuchten, ihre jeweiligen Fenster nach Europa zu öffnen, sei es von den Bolschewiken, die das Land zur Wiege einer postnationalen Weltrevolution erklärten. Es handelt sich um ein russisch-orthodoxes Land – außer dort, wo es das nicht ist, etwa im muslimischen Tatarstan oder im buddhistischen Tuwa. Es ist Michail Romanows Moskowiter Reich, Katharinas verbriefter europäischer Staat, Nikolaus' I. »Gendarm Europas«, Lenins Revolution, Gorbatschows Wiedererweckung – und zugleich ganz anders als all dies, ein Ganzes, das mehr ist als die Summe seiner Teile, genauso, wie die Ukraine sich wegbewegt hat von den historischen Augenblicken, von denen Putin glaubt, sie in eng geschlossenen Reihen aufstellen und in die Schlacht schicken zu können.

Doch Putin scheint trotz der Pattsituation in der Ukraine und angesichts beispielloser Wirtschaftssanktionen nicht willens, sich anzupassen. Je deutlicher die Folgen seines Krieges zutage treten, desto mehr verlässt er sich auf Einschüchterungen im Inland. Die wirtschaftlichen, gesellschaftlichen und politischen Errungenschaften der letzten

30 Jahre werden zunichtegemacht, und wenn, dann scheint Putin entschlossen oder dazu verdammt, sein Land zurück in die trostlos-grauen 1970er-Jahre zu zerren, wo eine alternde Führung über eine schrumpfende Wirtschaft waltet, in bitterer Gegnerschaft zum Westen verharrt und sich auf Korruption und Repression verlassen muss, um die Massen auf Linie zu halten.

Doch die Geschichte ist ein Fluss, der nie rückwärts fließt, und, um Marx ein allerletztes Mal zu zitieren, sie wiederholt sich »das eine Mal als Tragödie, das andere Mal als Farce«. Die Russen von heute sind nicht die Russen der 1970er-Jahre, und da die Sanktionen ihnen die direkte Verbindung nach Europa erschweren und der Kreml versucht, noch weitere zu kappen, wissen sie, was auf dem Spiel steht. Zehntausende wurden verhaftet, als sie gegen die Invasion protestierten, und prominente Figuren, Persönlichkeiten aus Film und Fernsehen sowie Universitätsprofessoren haben offene Briefe unterzeichnet, ihre Stellen gekündigt und lieber das Land verlassen, als mit dem Kreml zu kollaborieren. Mögen auch viele Russen den Krieg noch unterstützen, so unterstützen sie in Wahrheit doch den Krieg, von dem ihnen erzählt wurde: eine beschränkte Operation, ein chirurgischer Eingriff, um zivile Opfer zu vermeiden, um eine Neonazi-Ukraine davon abzuhalten, Russland zu bedrohen und einen Genozid an der russischsprachigen Bevölkerung im Donbass zu begehen. Falls man hier die Erfahrungen des Krieges der Sowjetunion in Afghanistan anführen kann, wird sich diese Bereitschaft, der offiziellen Linie zu folgen, schnell verflüchtigen, sobald die Menschen mit den Realitäten des Krieges konfrontiert werden, von denen die heimkehrenden Soldaten erzählen und die alle nicht heimkehrenden Soldaten mit ihrer Abwesenheit beglaubigen werden. Und auf die Ernüchterung folgt der Zorn.

Selbst wenn sich herausstellen sollte, dass Putin es in seinem Bestreben, seinen historischen Helden wie Peter dem Großen oder Iwan dem Großen (dem »Sammler der russischen Erde«) nachzueifern, doch nur zu einer schäbigen Coverversion Breschnews gebracht hat, so ist es doch wenig wahrscheinlich, dass diese besondere Episode der russischen Geschichte ähnlich lange dauern wird wie die »Ära der Stagnation«. Nicht zuletzt sollte man sich erinnern, dass Kriege die Tendenz haben, den Wandel zu beschleunigen. Die bittere Niederlage im »netten, siegreichen kleinen Krieg« gegen Japan führte zur Revolution von 1905, als nationale Demütigung und Elend zusammen den Volkszorn hochkochen ließen. Ein scheinbar endloser Krieg, in dem mehr und mehr Männer sinnlose Tode starben, während die Aussicht auf einen Sieg gegen null tendierte und die Menschen zu Hause hungerten, führte zum Ende der Romanow-Dynastie im Jahr 1917. Ein nicht erklärter Wirtschaftskrieg mit dem Westen, der der Sowjetunion den Zugang zu überlebensnotwendigen Krediten und Technologien versperrte, brachte schließlich auch dieses Reich zum Einsturz.

Putin hätte sich nicht mit der Geschichte anlegen sollen. Die Geschichte gewinnt am Ende immer.

London, März 2022

Danksagung

In diesem Buch habe ich versucht, einen historischen Bogen über zwölf ereignisreiche Jahrhunderte zu spannen und diese auf relativ wenigen Buchseiten festzuhalten. Dementsprechend musste ich alle möglichen Vereinfachungen und Auslassungen vornehmen und mich in vielem auf die Ideen und Eingebungen meiner Kollegen verlassen, manchmal im direkten Austausch, oft auch durch eine intellektuelle Osmose, bei der ihre Worte und Ideen meine eigenen durchdrungen haben. Einige werden in den »Weiterführende Lektüre« genannten Abschnitten des Buches genannt, andere möchte ich hier ausdrücklich erwähnen. Dominic – Chai – Lieven hat mich als Betreuer meiner Doktorarbeit vielfach inspiriert und ist seither ein großzügiger Kollege, dessen Ansichten über Zaren und Imperien im Allgemeinen mein Denken bereichern. Peter Jackson bin ich als Freund und Mit-Lehrendem an der Keele University zu Dank verpflichtet. Viele meiner Gedanken über die frühen Jahrhunderte der Rus sowie zur Goldenen Horde leiten sich aus seinen Forschungsarbeiten und meiner zweifellos lückenhaften Erinnerung an seine Worte ab. Ich habe W. Bruce Lincoln nie getroffen, und da er 2000 starb, werde ich ihn auch nie treffen, dennoch möchte ich anmerken, wie sehr seine Schriften mich inspiriert haben. Sie selbst sind der Beweis, dass man gut und zugleich in fesselnder Sprache über Geschichte schreiben kann. Es gibt viele mehr, die hier erwähnt werden könnten und sollten, und meine Entschuldigung gilt allen, die ich übergangen habe, um diese Danksagung nicht auf Kapitellänge auszuwalzen.

Auf persönlicherer Ebene möchte ich jenen danken, die frühere Fassungen gelesen und kommentiert haben: Anna Arutunyan, Daria Mosolova, Robert Otto und Katherine Wilkins. Ich weiß den großzügigen Umgang mit ihrer Zeit und ihren Gedanken zu schätzen und entschuldige mich für alle verbliebenen Fehler und unglücklichen Formulierungen, die alle ich zu verantworten habe.

Genauso geht mein Dank an Robyn Drury von Ebury Publishing und Peter Joseph von Hanover Square Press für ihre engagierte Unterstützung sowie Howard Watson für seine sorgfältige und wohlwollende Arbeit.

Schließlich danke ich dem Robert Schuman Centre des European University Institutes für die Gewährung eines Jean-Monnet-Stipendiums im akademischen Jahr 2018–19 sowie dessen Direktorin Brigid Laffan für ihre Unterstützung. Die Grundzüge dieses Buches entstanden in der toskanischen Hügellandschaft des EUI: Ein Akademikerleben hat durchaus seine Vorzüge.

»AMBITIONIERT, MEINUNGSSTARK UND UNTERHALTSAM.«

Süddeutsche Zeitung

James Hawes erzählt 2000 Jahre deutsche Geschichte entlang der politisch brisanten Frage: Wohin gehört dieses Land im Herzen Europas? Ist es eher dem Westen oder dem Osten zuzurechnen? Ein rasanter Streifzug durch die Jahrhunderte, von den alten Germanen bis zur Bundesrepublik im 21. Jahrhundert.

James Hawes

Die kürzeste Geschichte Deutschlands

Aus dem Englischen von Stephan Pauli
Taschenbuch
Auch als E-Book erhältlich
www.ullstein.de